四川省2020—2021年度重点图书出版规划项目
混凝土箱梁桥关键技术

超宽斜弯混凝土箱梁桥
关键技术研究

李正川 秦煜 李青良◎著

西南交通大学出版社
·成 都·

图书在版编目（CIP）数据

超宽斜弯混凝土箱梁桥关键技术研究 / 李正川，秦煜，李青良著. —成都：西南交通大学出版社，2022.6
ISBN 978-7-5643-8746-4

Ⅰ. ①超… Ⅱ. ①李… ②秦… ③李… Ⅲ. ①预应力混凝土桥 - 箱梁桥 - 桥梁设计 Ⅳ. ①U448.352.5

中国版本图书馆 CIP 数据核字（2022）第 105375 号

Chaokuan Xiewan Hunningtu Xiangliangqiao Guanjian Jishu Yanjiu
超宽斜弯混凝土箱梁桥关键技术研究

李正川　秦　煜　李青良　著

策划编辑	黄庆斌　周　杨
责任编辑	王同晓
责任校对	谢玮倩
封面设计	GT 工作室
出版发行	西南交通大学出版社 （四川省成都市金牛区二环路北一段 111 号 西南交通大学创新大厦 21 楼）
发行部电话	028-87600564　028-87600533
邮政编码	610031
网　址	http://www.xnjdcbs.com
印　刷	成都市金雅迪彩色印刷有限公司
成品尺寸	170 mm × 230 mm
印　张	12
字　数	155 千
版　次	2022 年 6 月第 1 版
印　次	2022 年 6 月第 1 次
书　号	ISBN 978-7-5643-8746-4
定　价	98.00 元

FOREWORD 前言

超宽斜弯混凝土箱梁桥的适应能力强，可突破或避让障碍物实现两端线路顺接，因此其工程应用日趋广泛。超宽斜弯混凝土箱梁桥的结构形式兼具宽幅、斜交和弯曲等特点，其荷载作用和效应分布复杂，建设技术仍处于发展阶段。

本书是作者从事混凝土箱梁桥研究和设计工作十余年的成果总结。第 1 章是绪论，讨论了超宽斜弯混凝土箱梁桥的设计方法和要点，分析了超宽斜弯混凝土箱梁桥的计算方法。第 2 章分析了混凝土收缩和徐变的影响因素及对这些影响因素的敏感性，对比并给出了混凝土收缩模型和徐变理论的选择，通过试验揭示了连续变温条件下早龄期混凝土的收缩规律。第 3 章基于依托工程——重庆江北国际机场 T3 航站楼高架桥的现场试验和数值模拟，分析了超宽斜弯混凝土箱梁早龄期温度场和应变特性。第 4 章通过预制梁场现场试验，阐明了装配式预制混凝土箱梁早龄期温度场和应变特性。第 5 章基于依托工程得到的长期观测数据，揭示了超宽斜弯混凝土箱梁温度场的分布模式和演变规律。第 6 章基于依托工程现场试验，分述了超宽斜弯混凝土箱梁应变、挠度的分布和变化特性。第 7 章介绍了超宽斜弯混凝土箱梁桥的设计实例，给出了设计资料，阐述了计算方法和结果。

感谢作者指导的硕士研究生肖金辉、吴华、郑永、杨超华对本书的贡献，他们在图表制作和数据分析方面做了许多工作。感谢西南交通大学出版社的编辑老师，他们为本书的顺利出版做了大量细致的工作。

由于作者水平有限，书中难免会有疏漏与不足，恳请大家批评指正。

作 者

2021 年 12 月

CONTENTS

目 录

CHAPTER 1 绪　论

近年来，随着我国城镇化进程加快，城镇人口迅速增长，交通流量也逐步增大。为适应大流量交通需要，高架道路及立体交叉工程愈来愈多。但受制于地形、地物、路线整体线形连续性和城市环境美化等，高架和立交结构呈现出宽幅、斜交和弯曲等特点，并出现了很多宽幅斜弯连续箱梁桥。

整体式宽桥提高了结构的整体性，但它的空间效应明显、桥梁构造复杂，并且对地基不均匀沉降敏感。由于宽度与跨度的比值大，宽桥的横桥向力学特征与纵桥向相近，趋向于双向板的力学特性。因此，宽桥通常会设置较多的横向及纵向联结构件，以保障其整体受力性能。同时，宽桥对基础整体性要求较高，基础问题易引起桥面倾斜、翘曲、纵向裂缝等病害。

斜交梁桥指桥梁支承边与桥轴线之间的夹角并非90°的梁桥。斜交梁桥具有弯扭耦合作用、反力分布不均、存在平面内位移等特性和问题。单跨斜交梁桥为超静定结构，预应力、温度变化和支座位移等都会引起二次内力。斜交箱梁更是有横向刚度大、锐角支承易脱空、钝角支承反力过大等问题，需进行专项设计。在运营期间，斜交梁桥也易出现平面爬移现象。

曲线梁桥指桥梁中心线在平面上呈某种曲线形状的梁桥。曲线梁桥弯扭耦合变形大于同跨径直线梁桥且内外梁受力不均。而且预应力钢束对曲梁的水平径向作用力会产生非线性变化的次弯矩。混凝土徐变也会引起次内力和纵横向内力重分配。在施工和运营过程中，曲线梁桥结构内外侧受力差异大。

超宽斜弯混凝土箱梁桥兼具上述几种梁桥力学特点和技术难题，虽然在工程中有较多应用，但其建设技术尚不十分完善，已发生多次主梁横向侧移、扭曲变形、支座脱空、固结墩开裂、垮塌等病害或事故。因此，有必要开展超宽斜弯混凝土箱梁桥关键技术的研究，以有助于其安全建设和健康运营。

1.1 混凝土箱梁

混凝土箱梁可分为预制装配式、原位支架现浇式两种形式。梁的分析理论主要有弹性理论方法、欧拉-伯努利（Euler-Bernoulli）梁理论和铁摩辛柯（Timoshenko）梁理论。

1. 弹性理论方法

弹性理论方法假定梁为理想的弹性体系。其优点是对于满足假定条件的问题，可以得出精确的解析解；其缺点是假定条件过于严格，只能精确求解少数问题。

2. 欧拉-伯努利梁理论

欧拉-伯努利梁理论有两个假设条件：变形前垂直于梁中心线的平剖面，变形后仍然为平面（刚性横截面假定）；变形后横截面的平面仍与变形后的轴线相垂直。即该理论认为横截面在变形前和变形后都垂直于中心轴并不产生任何应变。对于细长梁，这些假设是有效的。细长梁的翘曲、横向剪切变形和横向正应变非常小，可忽略。但是，对于深梁、高频模态的激励、复合材料梁等问题，横向剪切不可忽略。

3. 铁摩辛柯梁理论

将横向剪切变形加入欧拉-伯努利梁模型，即可得出铁摩辛柯梁理论。为了简化运动方程的导数，剪切应变在一个给定横截面上是常值。接着引入剪切校正因子来解释这种简化，其值取决于横截面的形状。在横向剪切的存在下，横截面的旋转就由挠曲和横向（平面外）剪切变形引起。铁摩辛柯梁理论与欧拉-伯努利梁理论的对比见表 1.1。

随着欧拉-伯努利、铁摩辛柯等梁理论的发展，箱梁的空间效应问题得到了较好的解决。混凝土箱梁的空间效应主要为剪力滞效应、汽车荷载的横向分布效应和箱梁的薄壁效应。空间效应的分析方法主要为杆系模型+简化参数分析方法、实用精细化分析模型和实体单元模型。其中，杆系模型+简化参数分析方法应用最为广泛，剪力滞效应通过翼缘有效宽度考虑，汽车荷载的横向分布和箱梁薄壁效应通过偏载增大系数考虑。

表 1.1 梁的分析理论

理论	欧拉-伯努利梁理论（初等梁理论，经典梁理论）	铁摩辛柯梁理论
提出时间	约 1750 年	1921 年
区别	忽略了剪切变形和转动惯量，认为初始垂直于中性轴的截平面在变形时仍保持为平面且垂直于中性轴，即认为截面的转角等于挠度曲线切线的斜率	考虑剪切变形与转动惯量（在横向弯曲的偏微分方程中），但仍假设原来垂直于中性轴的截面变形后仍保持为平面。需要考虑横向剪切变形影响的情况，如高度相对跨度不太小的深梁，梁内的横向剪切力所产生的剪切变形将引起梁的附加挠度，并使原来垂直于中性轴的截面变形后不再与中性轴垂直，且发生翘曲
假设条件	平截面假设	—
未考虑项	剪切变形、转动惯量	—
适用范围	一般情况下满足工程要求，适用于梁高远小于跨度或变形小的梁	梁结构高阶模态或深梁效应
计算方法	基于平截面假定，弯曲是主要变形，忽略剪切变形的影响，其计算公式通过平衡微分方程得到，而非协调方程	主要考虑剪切变形，而且位移和转角是独立插值的，不是通过位移导数求得的

1.2 宽幅混凝土箱梁设计

1.2.1 宽桥与窄桥

现行公路或铁路的相关规范中并未对“宽桥”“窄桥”进行明确定义。

一般根据工程界对桥梁的通常判断，将符合现行规范要求的桥梁视为常规桥梁。故而，符合现行规范要求的“窄桥”应该是常规桥梁，同时也符合材料力学、结构力学等的通常要求；反之，“宽桥”则属于不常规的桥梁。

《公路钢筋混凝土及预应力混凝土桥涵设计规范》（JTG 3326—2018）中第 4.1.9 条文说明“截面应变符合平截面假定，按‘梁式体系’计算”，计算方法的依据是材料力学和结构力学。材料力学的主要研究对象是杆，即纵向（长度方向）尺寸远大于横向（垂直于长度方向）尺寸的构件[1]。结构力学的主要研究对象是杆件结构，杆件的几何特征是横截面尺寸要比长度小得多[2]。

基于此，“窄桥”或可定义为：横截面尺寸远小于纵向长度，截面应变符合平截面假定的杆和杆件结构。“宽桥”则不满足此定义。

1.2.2 宽幅混凝土箱梁受力特点

本书讨论的宽幅混凝土箱梁仅指整体式箱梁（图 1.1），不包括分幅箱梁。

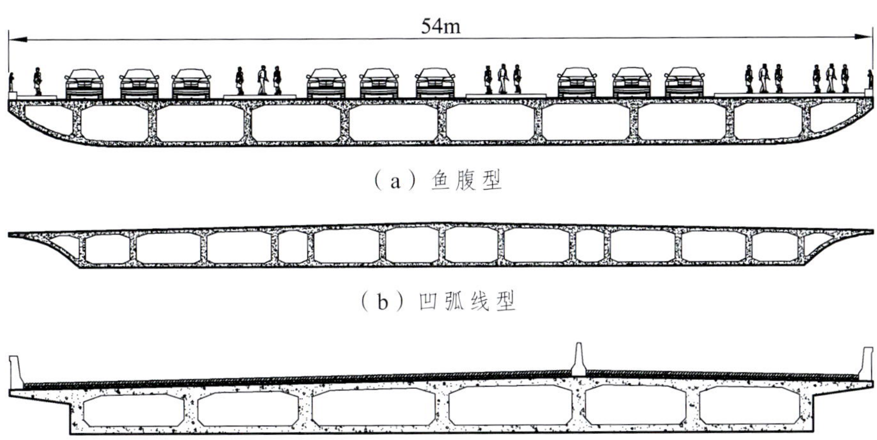

（a）鱼腹型

（b）凹弧线型

（c）直腹型

图 1.1 典型整体式宽幅箱梁横断面

由图 1.1 可见，常见的整体式宽幅箱梁横断面具有以下特点：

（1）单箱多室。

（2）箱室宽度不一致。

（3）箱梁高度为变高或等高。

（4）箱梁翼缘部位采用折线、凹弧线、凸弧线。通常宽幅箱梁的边缘多为人行道或一半单车道，承力较小，采用折线，结构简单、经济；景观采用凹弧线；底板至梁顶边缘采用凸弧线（工程界常称之为鱼腹型，线条无突变）。

整体式宽幅混凝土箱梁的受力特点：

（1）各支座上方的腹板承担的自重荷载显著大于其余腹板。

（2）跨中区域荷载效应分布模式趋向于板。

（3）集中荷载作用处产生应力突变，影响仅至相邻箱室，其余区域应力分布较均匀，因此，不能采用单梁模型计算应力，以避免应力数据失真。

（4）横桥向一般设置多个支座，横梁呈现出横桥向多跨连续梁的受力特征，同时横梁仍承受纵桥向的荷载。

1.2.3 宽幅混凝土箱梁设计要点

宽幅混凝土箱梁桥横桥向布置多车道汽车荷载时，应考虑汽车荷载的折减。多车道布载的荷载效应不得小于两条车道布载的荷载效应。

1.3 斜交混凝土箱梁设计

1.3.1 斜交混凝土箱梁受力特点

斜交梁桥是指支承处连线与梁轴线斜交的梁桥。斜交角的大小反映梁非径向的程度，亦关系到斜交梁桥的受力特性，斜交角度越大，表现越明显。

斜交梁桥支座反力分布不均匀，锐角位置小于钝角位置，与结构斜度和弯扭刚度比有关，斜度越大，二者的反力差越大；弯扭刚度比越小（即抗扭刚度越大），二者反力差越大。即，在钝角反力增大的同时，锐角的反力在减小，甚至可能出现负反力。

斜交梁桥的内力既有弯矩，也有扭矩，存在弯扭耦合作用。弯矩有横向弯矩和纵向弯矩，而且扭矩同时存在于两个方向。

当斜度一定时，抗扭刚度越小，弯扭耦合作用越明显，扭矩越大，反力分布越不均匀。钝角角隅处出现较大的反力和剪力，锐角角隅处出现较小的反力，还可能出现上翘。

在温度变化、混凝土收缩徐变、预应力加载等作用下，斜梁桥所受到的力可能会产生一个不平衡的旋转力矩，从而引起支承位置钝锐角之间转动及平移。

1.3.2 斜交混凝土箱梁设计要点

对通航河流上的桥梁，其墩台沿水流方向的轴线应与最高通航水位时的主流方向一致。当斜交不能避免时，交角不宜大于 5°；当交角大于 5°且斜桥正做时，墩台边缘净距应满足相关规范要求。

斜交梁桥和直线梁桥的基本微分方程是相同的，但斜支承的存在使支承处的边界条件不易精确满足，有限元法是分析斜交混凝土箱梁的高效数值方法。

斜交箱梁的横向弯矩大于直线梁桥，此现象在宽幅且斜交的箱梁中更为显著，应加强横向配筋并优化构件尺寸。

1.4 曲线混凝土箱梁设计

1.4.1 曲线混凝土箱梁受力特点

按平面形状划分，曲线梁桥可分为扇形曲线梁桥和斜交曲线梁桥。曲率是曲线梁桥的特征和指标。随曲率半径增加，曲线梁桥承力模式趋近直线梁桥。

由于横向扭矩的作用，曲线混凝土箱梁的外侧支座反力变大，内侧支座反力变小。在曲率半径和恒载较小时，曲线内侧易出现负反力。

由于横向扭矩的作用，曲线混凝土箱梁各道腹板的恒载内力分布不均匀，且箱梁越宽越不均匀。无论荷载偏心与否，都有弯矩与扭矩产生，甚至支承处也承受了较大的扭矩。扭矩的作用会造成曲线内侧与外侧梁体应力的不一致。

当外部垂直荷载作用在梁上时，曲线梁桥的梁截面内在产生弯矩的同时必然会伴随看产生耦合扭矩，在产生扭矩的同时也必然伴随着产生相应的“耦合弯矩”。这便是弯-扭耦合作用。

由于弯-扭耦合作用，曲线梁桥的变形大于同跨径的直线梁桥，内边缘的挠度小于外边缘的挠度，梁端可能出现翘曲。曲线梁桥挠曲变形与跨径、曲率半径、圆心角、弯扭刚度比、荷载形式等因素有关。当梁端横桥向约束较弱时，梁体有向弯道外侧爬移的趋势。

1.4.2 曲线混凝土箱梁设计要点

曲线混凝土箱梁桥应计算汽车荷载引起的离心力。计算宽幅（多车道）曲线混凝土箱梁桥的汽车荷载离心力时，车辆荷载标准值应乘以横向车道布载系数。

曲线箱梁的宽跨比越大，同一断面各道腹板的荷载效应分布越不均匀。可按梁格法计算各道腹板承力情况，进行相应的预应力配束，优化构造尺寸，以使曲线箱梁结构安全合理、经济适用。也可通过设置横隔板等措施，改善曲线箱梁荷载效应横向分布，减小箱梁宽大截面畸变和应力不均匀分布情况的发生概率。

具有曲线形的梁腹，受拉区的曲线纵向受力钢筋在拉力作用下有恢复直线的趋势，会导致混凝土保护层剥落，因此近凹面的纵向受拉钢筋应用箍筋固定。箍筋间距不应大于所箍主钢筋直径的10倍，箍筋直径不应小于8 mm。

对外形呈曲线形且布置有曲线预应力钢筋的构件，其曲线平面内、外管道的最小混凝土保护层厚度应满足规范要求。对于曲线形管道，如弯梁预应力钢筋等，其曲线平面内侧受曲线预应力钢筋的挤压，混凝土保护层在曲线平面内和平面外均受剪，所以梁底面保护层和侧面保护层均需加厚或设拉筋。

利用后张法生产的曲线预应力混凝土箱梁，曲线形预应力钢筋管道在曲线平面内、外相邻外缘间的最小净距应满足规范要求。

1.5 超宽斜弯混凝土箱梁桥设计要点

1.5.1 支座布置

曲线梁桥的支座反力具有外梁变大、内梁变小的趋势，当曲率半径较小、梁宽较大或偏载时，曲线内侧支座可能出现负反力，进而导致梁体与支座脱离。因此，对于超宽斜弯混凝土箱梁桥，应考虑部分支座脱空带来的不利影响。对于超宽斜弯混凝土箱梁桥可采用支座预偏优化其承载效应，通常在中墩设置一个固定支座。

1.5.2 腹 板

由于弯-扭耦合作用，在墩顶附近，超宽斜弯混凝土箱梁（通常为单箱多室）的曲线外侧腹板承担的剪力显著大于曲线内侧腹板，曲线外侧与内侧腹板的构造、配筋应根据实际情况各自设计。

在自重作用下，超宽斜弯混凝土箱梁的曲线外侧腹板的弯矩大于曲线内侧腹板，因此各腹板的预应力配束应根据实际情况各自设计。

1.5.3 墩顶横梁

在自重作用下，墩顶处的横梁的顶部有较大的横桥向拉应力，可设置横向预应力钢束，并根据施工方案适当张拉，以消减该横桥向拉应力。计算时，可考虑横梁和两侧顶底板的共同作用。

为承受横向扭转，超宽斜弯混凝土箱梁的墩顶横梁的刚度需较大，但同时也需注意到墩顶横梁的刚度越大，曲线外侧与内侧支座反力之差越大。

1.5.4 钢束布置

将实际荷载作用下的弯矩图线形作为预应力钢束的线形，即吻合束的线形。此时，预加力的总预矩不变，而次力矩为零。吻合束定理仅适用于所有直线形构件。超宽斜弯混凝土连续箱梁具有弯-扭耦合效应，次内力在两支座间不呈直线规律，因此，线性转换原则不再适用。

超宽斜弯箱梁分段满堂支架现浇施工过程中，在自重和钢束预应力的作用下，墩顶横梁主要为横向弯曲受力。主梁弯曲和斜交导致相同构件的应力差异较大。现场施工应加强主梁横断面各箱室竖向挠曲观测，亦需严格保证横向预应力钢束张拉施工质量。

1.5.5 数值计算

弯、宽、斜、变宽或分岔等形式复杂的混凝土桥梁结构，可采用实体有限元模型或实用精细化分析模型计算。它们的边界条件与荷载横向分布系数算法的假定条件不符，结构分析不应盲目套用简化参数，应采用精细化的有限元模型。

1.6 超宽斜弯连续箱梁桥计算方法

梁式桥的分析理论和方法主要包括：单纯扭转理论、翘曲扭转理论等解析法；梁格系分析法、梁系理论、正交异性板理论、板梁组合理论、弹性折板理论等半解析法；杆单元模型、梁格法模型等数值分析法；模型试验法；等等。

1.6.1 解析法

1. 单纯扭转理论

单纯扭转理论是将曲线梁桥结构当作质量集中在梁轴中心线处的弹性杆件，并认为在荷载作用下横断面仍保持平面（即不发生翘曲），且截面形状保持不变（即不产生畸变）。

2. 翘曲扭转理论

翘曲扭转理论即考虑翘曲的弹性薄壁曲杆理论。该理论将曲线梁桥视为单根薄壁曲线梁桥进行分析，考虑翘曲扭转影响，适用于宽跨比小和横向联系强的窄曲线梁桥。

1.6.2 半解析法

1. 梁格法

梁格法将桥梁上部结构离散为一个刚度与原结构近似等效的梁格体系，分析等效梁格，将其结果还原到原结构可得所需的计算结果[3]。

2. 梁系理论

基于梁系理论的荷载横向分布计算理论是将曲线梁桥沿各主梁用纵向竖缝分开，在“切口处”代入表达弯矩、竖向剪力和水平剪力等赘余力的函数，并以正弦级数形式表达荷载、内力和位移，利用能量原理等法求解赘余力函数，得出各主梁的荷载效应。

3. 正交异性板理论

正交异性板理论将曲线梁桥转化成极坐标下的正交异性板，用平板理论求解板的挠曲微分方程。

4. 板梁组合理论

板梁组合是用纵向水平缝沿板梁交接处把各主梁肋与桥面板分离开，将桥面板作为支承在各柔性曲线主梁上的多跨弹性连续曲板[4]。

5. 弹性折板理论

弹性折板理论是将箱梁离散为若干个矩形板，以弹性平面应力理论和板的弯曲理论为基础，利用各板接合处的变形和静力平衡条件，建立方程组，用矩阵形式进行计算。

1.6.3 数值分析法

1. 杆单元模型

杆单元模型的特点是直接给出计算截面的内力和变形，计算耗时短。根据荷载作用下箱梁是否保持平截面，杆单元模型分为自由扭转理论模型和翘曲扭转理论模型。

（1）自由扭转理论的基本假定为：宽跨比小，即可将实际结构视作位于剪切中心上的弹性杆单元；平截面假定，即受载后横截面仍为平面（无翘曲）；刚性截面假定，即变形后箱梁截面形状不变（无畸变）；截面剪切中心线与梁截面形心轴线相重合。

（2）翘曲扭转理论，考虑了受载后横截面不再保持平截面（即发生了翘曲），在自由扭转理论的基础上增加了截面双力矩阵和翘曲扭矩两项内力。而超宽斜弯连续箱梁的翘曲应力显著增大，不应忽略。

2. 梁格法模型

梁格法是用等效梁格来模拟箱梁，将分散在箱梁每一区段内的弯曲刚度和抗扭刚度集中于最邻近的等效梁格，即箱梁的纵向刚度集中于纵向梁格构件，箱梁的横向刚度集中于横向梁格构件。等效梁格应满足：在相同荷载作用下，箱梁与等效梁格的挠度相同，梁格内的内力等于对应箱梁部分的内力。

对于实际桥梁工程，等效梁格数值计算结果与实际箱梁荷载效应的“等效”存在一定误差，但此误差可接受。

3. 实体单元模型

实体单元模型的优点是更真实地模拟分析超宽斜弯连续箱梁的翘曲、畸变、剪力滞、泊松比等效应；其缺点是单元数量多（一般可达数十万），计算数据量大，在实际工程中常用于箱梁局部分析。

在实际工程中，通常采用桥梁专业有限元软件进行结构计算和验算。对于常规梁桥，通常采用杆单元有限元模型；而对于超宽斜弯连续箱梁桥，通常采用梁格法有限元模型，虽然工作量较大，但是荷载效应的空间分布计算方便。

CHAPTER 2 混凝土箱梁时变效应

2.1 混凝土收缩影响因素及敏感性分析

混凝土收缩影响因素可根据其来源分为内部和外部两大类。影响混凝土收缩的内部因素又可分为材料性质、构件几何性质、制造养护工艺等。其中：材料性质包括集料种类和含量、水泥品种和用量、水灰比、外加剂含量等；构件几何性质主要指构件有效厚度；制造养护工艺包括养护方法和养护结束龄期。混凝土收缩外部影响因素主要包括环境湿度和环境温度。

2.1.1 混凝土收缩影响因素

1. 内部因素

（1）集料种类。

集料种类指混凝土粗集料的岩石类别。不同类别的岩石的物理性质和力学性质存在较大差异，而岩石的物理性质和力学性质又直接影响其工程性质。

混凝土收缩会受到其中集料的限制作用，例如粗集料对混凝土收缩的影响来源于粗集料的吸水率、最大粒径和弹性模量等特性。集料弹性模量与混凝土收缩成反比，而不同种类集料的特性具有一定差异，比如轻集料含水率会直接影响到高强轻集料混凝土收缩的发展速率[5]。

（2）集料含量。

集料含量指单位体积混凝土中集料的质量。如果混凝土强度和粗集料粒径保持不变，则粗集料含量越高，混凝土收缩越小[6]。

（3）水泥品种。

通常情况下，水泥品种即指硅酸盐水泥，依据美国材料与试验协会的标准 ASTM C150 *Standard Specification for Portland Cement*，将其分为五种基本类型：Ⅰ型（普通类型）、Ⅱ型（中抗硫、中水化热）、Ⅲ型（高早强）、Ⅳ型（低水化热）、Ⅴ型（高抗硫）。

不同品种的水泥在水化反应后的物理结构有所差异，而混凝土收缩与水化水泥浆的物理结构有密切关系，但与水泥化学性质无关。水泥细度在一定范围内时，混凝土干缩程度随水泥的比表面积的增加而增大；但当水泥的比表面积增加至 450 m^2/kg 时，混凝土干缩程度反而减小[7]。可以得出，增大水泥颗粒可以减小混凝土的自收缩[8]。

（4）水泥用量。

水泥用量是指拌和单位体积混凝土所掺入的水泥质量。

混凝土固化时间与水泥用量直接相关，进而影响早期混凝土收缩。虽然水泥用量减小会导致水泥化学反应产生的收缩减小，但是混凝土中未参与反应的水分就会相对较多，失水产生的收缩就会增大；同时又由于水泥石密实度差，空气中的 CO_2 容易侵入到混凝土内部，引起碳化收缩。

（5）水灰比。

水灰比即单位体积混凝土中水与水泥质量之比。若水灰比不变，则混凝土收缩与水泥用量成正相关，因为水用量和水泥用量的增大会导致混凝土失水收缩和化学收缩增加。不过，水灰比对轻质碱矿渣混凝土收缩影响不大[9]。

（6）外加剂。

外加剂是指为提高混凝土性能而在混凝土中添加的减水剂、引气剂、早强剂和缓凝剂等成分。外加剂对混凝土收缩具有一定影响，不同种类外加剂产生的影响有所差异。氯化钙会引起混凝土收缩增大。粉煤灰和矿渣可减小轻集料混凝土的收缩。大掺量粉煤灰可抑制混凝土收缩，而且对后期收缩抑制作用更为显著[10]。轻集料混凝土早期收缩受引气剂含量变化的影响并不大，但后期收缩随引气剂掺量增加而有不同程度的增大[11]。用粗石灰岩粉代替部分水泥可以减小混凝土自收缩[12]。掺加油页岩灰可减小混凝土收缩[13]。

（7）构件几何特性。

构件有效厚度是混凝土构件或结构几何性质的主要表征。环境介质的温湿度对混凝土构件性能影响程度的大小取决于构件体表比、截面形状和构件尺寸等几何特性。在其他条件相同的情况下，混凝土收缩和徐变发展速度随着混凝土构件体表比的增加而减小[14]；混凝土收缩与截面尺寸成正比关系，而且构件截面越大，早期混凝土收缩速率越低，后期收缩速率越高。但是混凝土构件与环境介质达到湿度平衡后，构件几何特性对混凝土收缩的影响将会很小。

（8）养护方法。

混凝土养护方法指混凝土浇筑后采用的蒸汽养护、水中养护或普通空气中养护等混凝土养护措施。在混凝土养护期内，合适的温湿度有助于减缓混凝土失水，进而有效减小早期混凝土收缩。蒸汽养护可有效降低混凝土收缩，高压蒸汽养护降低收缩的效果更加明显。水中养护时混凝土大约会膨胀 $1\times10^{-4}\sim2\times10^{-4}$ 倍。

（9）养护结束龄期。

推迟养护结束龄期可减缓混凝土收缩的起始和发展，但对混凝土收缩终值的影响较小。虽然养护对混凝土收缩的影响相当复杂，但推迟养护结束龄期的作用较小。

2. 外部因素

（1）环境湿度。

环境湿度对混凝土收缩影响较大。周围介质相对湿度越大，混凝土收缩越小。因为较大的环境湿度可延缓混凝土失水，有助于促进水化反应，提高水泥石密度，进而减小混凝土收缩。若周围介质相对湿度与混凝土湿度形成某种平衡状态，则前者对混凝土收缩的影响会逐渐弱化。

毛细孔半径对矿渣水泥混凝土收缩的影响大于水泥质量损失的影响[15]。在混凝土内部湿度下降过程中，混凝土收缩与其呈线性关系[16]。混凝土干缩受周围介质湿度影响较为明显，需注意到干缩与环境湿度之间呈非线性关系。

（2）环境温度。

早龄期混凝土水化反应进程会受到温度影响，二者成正相关。较高的温度导致水化反应加快，进而影响到混凝土收缩变化率。环境温度越高，同时相对湿度越低，则混凝土收缩越大[17]。

通过以上对混凝土收缩内部和外部影响因素的分析，可以得出：水泥用量、粉煤灰和矿渣掺量、环境温度等影响因素与混凝土收缩成正比；但是粗集料弹性模量、粗集料含量、构件体表比、养护湿度、环境湿度等影响因素与混凝土收缩成反比。

2.1.2 混凝土收缩影响因素敏感性分析

本书基于主成分分析法，以期能够确定混凝土收缩和徐变的各项影响因素的敏感性。主成分分析法是一种多指标统计分析方法，其本质是指标数量降维，即构建原始指标的某种线性组合，以得出一系列互不相关的新指标，选出低于原始指标维数的若干新指标，使它们表达出大部分原始指标所含有的信息，从而利用这若干新指标代替原始指标分析和解决问题[18]。

依据指标选取原则建立混凝土收缩影响指标体系，选取相关文献的33组混凝土收缩试验数据作为样本数据[19-25]，采用主成分分析法分析混凝土收缩影响因素的敏感性。

在对实测数据标准化的基础上，通过数学变换将原有的多个因素因子转化为少数几个相互线性无关的主要分量，实现主成分的选择。主成分分析法基本计算流程为[18]：

1. 指标体系建立

指标选取遵循以下几个原则：可测性、完备性、客观性、灵敏性、简明性。故而集料种类等影响因素不宜选为指标。

本书分析影响混凝土收缩的指标主要包括：水泥品种、水泥用量、集料与水泥比、水灰比、硅粉含量、减水剂含量、构件有效厚度、养护湿度、养护结束龄期、环境湿度、环境温度等，共计 11 项指标。

（1）水泥品种（C_T）：根据 *CEB-FIP Model Code* 的 SL①、N②、R③、RS④，分别对应数值 1、2、3、4。

（2）水泥用量（C_W）：单位体积混凝土中水泥质量（kg/m^3）。

（3）集料与水泥比（R_{AC}）：单位体积混凝土中集料与水泥质量之比。

（4）水灰比（R_{WC}）：单位体积混凝土中水与水泥质量之比。

（5）硅粉含量（R_{SC}）：单位体积混凝土中硅粉与水泥质量百分比（%）。

（6）减水剂含量（R_{WRC}）：单位体积混凝土中减水剂与水泥质量百分比（%）。

（7）构件有效厚度（R_{2VS}）：混凝土构件有效厚度 $R_{2VS}=2V/S$（mm），其中，V 是构件体积（mm^3），S 是构件暴露在环境中的表面积（mm^2）。

（8）养护湿度（R_{H0}）：混凝土养护湿度（%）。

（9）养护结束龄期（R_{t0}）：养护结束时的混凝土龄期（d）。

（10）环境湿度（R_H）：环境相对湿度（%）。对于密封混凝土试件，其值为 99；对于存放于水中的混凝土试件，其值为 100。

（11）环境温度（T）：混凝土构件周围环境温度（°C）。

---

① SL 指缓凝水泥；
② N 指普通水泥；
③ R 指快硬水泥；
④ RS 指快硬高强水泥。

2. 选取样本数据

选取相关文献的33组混凝土收缩试验资料数据作为样本数据，见表2.1。

表2.1 指标体系样本数据[19-25]

样本编号	C_T	C_W	R_{AC}	R_{WC}	R_{SC}	R_{WRC}	R_{2VS}	R_{H0}	R_{t0}	R_H	T
S1	1	500	3.524	0.297	10	2.76	51.5	100	7	60	20
S2	1	500	3.524	0.297	10	2.76	51.5	100	7	45	20
S3	3	475	3.635	0.338	5.053	1.867	38	98	28	50	23
S4	4	487	3.581	0.32	9.651	1.762	38	98	28	50	23
S5	4	564	2.945	0.255	15.78	2.727	38	98	28	50	23
S6	4	475	3.496	0.318	15.579	2.646	38	98	28	50	23
S7	3	475	3.635	0.338	5.053	1.867	76	98	28	50	23
S8	4	487	3.581	0.32	9.651	1.762	76	98	28	50	23
S9	4	564	2.945	0.255	15.78	2.727	76	98	28	50	23
S10	4	475	3.496	0.318	15.579	2.646	76	98	28	50	23
S11	3	421	4.556	0.267	10	1.802	80	101	1	50	20
S12	3	421	4.556	0.267	10	1.802	80	101	28	99	20
S13	3	421	4.556	0.267	10	1.802	80	101	28	50	20
S14	3	361	5.346	0.405	11.08	1.82	43.5	100	28	50	23
S15	3	341	5.616	0.428	17.595	2.14	43.5	100	28	50	23
S16	3	320	5.96	0.455	25	2.62	43.5	100	28	50	23
S17	3	363	5.342	0.486	11.295	0.001	43.5	100	28	50	23
S18	3	505	3.331	0.28	11.089	1.663	50	98	28	50	23
S19	3	473.8	3.848	0.38	8.696	1	37.5	100	3	65	20
S20	3	510	3.553	0.271	17.647	1	37.5	100	3	65	20
S21	3	473.8	3.848	0.38	8.696	1	37.5	100	460	65	20
S22	3	510	3.553	0.271	17.647	1	37.5	100	460	65	20
S23	3	477	3.878	0.311	5.556	1	37.5	100	3	65	20
S24	3	477	3.878	0.311	5.556	1	37.5	100	460	65	20
S25	3	473.8	3.848	0.38	8.696	1	37.5	65	460	100	20

续表

样本编号	C_T	C_W	R_{AC}	R_{WC}	R_{SC}	R_{WRC}	R_{2VS}	R_{H0}	R_{t0}	R_H	T
S26	3	510	3.553	0.271	17.647	1	37.5	65	460	100	20
S27	3	477	3.878	0.311	5.556	1	37.5	65	460	100	20
S28	3	475	3.78	0.316	5.263	3	50	101	28	65	20
S29	3	475	3.779	0.316	5.263	3	50	101	0.67	50	20
S30	3	475	3.779	0.316	5.263	3	50	101	28	65	20
S31	3	475	3.783	0.316	5.263	3	50	101	28	65	20
S32	3	475	3.779	0.316	5.263	3	50	101	0.67	50	20
S33	3	475	3.783	0.316	5.263	3	50	101	0.67	50	20

3. 数据处理及结果分析

因为本书进行分析的影响混凝土收缩的指标具有不同的量纲和单位，需对各项指标进行标准化处理，使其无量纲化。对表 2.1 中混凝土收缩试验数据进行标准化变换，计算各指标相关系数矩阵 $\boldsymbol{R}_S$，见表 2.2。

表 2.2 影响混凝土收缩的指标的相关系数矩阵 $\boldsymbol{R}_S$

相关系数	F_1	F_2	F_3	F_4	F_5	F_6	F_7	F_8	F_9	F_{10}	F_{11}
F_1	1.000	0.104	−0.130	−0.042	0.196	−0.037	0.109	−0.024	−0.016	−0.089	0.498
F_2	0.104	1.000	−0.981	−0.739	−0.184	0.129	−0.047	−0.161	0.169	0.115	−0.195
F_3	−0.130	−0.981	1.000	0.712	0.253	−0.180	0.008	0.129	−0.114	−0.064	0.145
F_4	−0.042	−0.739	0.712	1.000	0.105	−0.237	−0.318	0.026	−0.016	−0.138	0.338
F_5	0.196	−0.184	0.253	0.105	1.000	−0.065	−0.061	−0.041	0.031	−0.082	0.396
F_6	−0.037	0.129	−0.180	−0.237	−0.065	1.000	0.291	0.366	−0.535	−0.412	0.072
F_7	0.109	−0.047	0.008	−0.318	−0.061	0.291	1.000	0.265	−0.389	−0.203	0.106
F_8	−0.024	−0.161	0.129	0.026	−0.041	0.366	0.265	1.000	−0.661	−0.746	0.166
F_9	−0.016	0.169	−0.114	−0.016	0.031	−0.535	−0.389	−0.661	1.000	0.649	−0.340
F_{10}	−0.089	0.115	−0.064	−0.138	−0.082	−0.412	−0.203	−0.746	0.649	1.000	−0.514
F_{11}	0.498	−0.195	0.145	0.338	0.396	0.072	0.106	0.166	−0.340	−0.514	1.000

求解相关系数矩阵 $\boldsymbol{R}_S$ 的特征值，并求得与之相对应的贡献率及累计贡献率，如表 2.3 所示。

表 2.3 影响混凝土收缩的指标的特征值及其贡献率

主成分	特征值	贡献率 λ_j	累计贡献率 $\sum_{j=1}^{k}\lambda_j$
F_1	3.215 2	0.292	0.292
F_2	2.745 1	0.250	0.542
F_3	1.635 3	0.149	0.691
F_4	0.977 7	0.089	0.779
F_5	0.805 1	0.073	0.853
F_6	0.602 6	0.055	0.907
F_7	0.440 1	0.040	0.947
F_8	0.299 1	0.027	0.975
F_9	0.145 8	0.013	0.988
F_{10}	0.121 9	0.011	0.999
F_{11}	0.012 0	0.001	1.000

根据主成分确定原则 $\sum_{j=1}^{k}\lambda_j/\sum_{j=1}^{p}\lambda_j \geqslant 0.85$，选取 5 个主成分：$F_1$、$F_2$、$F_3$、$F_4$、$F_5$。各主成分对应的特征向量见表 2.4。

表 2.4 影响混凝土收缩的指标的特征向量

指标	F_1	F_2	F_3	F_4	F_5
C_T	0.071 8	−0.064 1	0.623 1	0.153 3	0.435 7
C_W	−0.329 7	−0.431 2	0.187 7	−0.226 8	−0.044 0
R_{AC}	0.300 7	0.453 6	−0.182 1	0.234 8	−0.046 0
R_{WC}	0.250 7	0.457 2	−0.033 8	−0.263 1	0.215 0
R_{SC}	0.132 6	0.159 4	0.431 8	0.127 7	−0.805 3
R_{WRC}	0.207 5	−0.367 0	−0.141 8	0.004 0	−0.281 1

续表

指标	F_1	F_2	F_3	F_4	F_5
R_{2vs}	0.176 9	−0.257 2	−0.059 1	0.794 1	0.139 5
R_{H0}	0.395 7	−0.228 8	−0.195 2	−0.187 0	0.021 7
R_{t0}	−0.420 9	0.260 8	0.128 2	−0.006 9	−0.015 1
R_H	−0.439 1	0.218 8	−0.037 4	0.331 3	−0.005 7
T	0.338 2	0.024 6	0.525 6	−0.095 0	0.110 0

可得 5 个主成分为：

$$F_1 = 0.0718C_T - 0.3297C_W + 0.3007R_{AC} + 0.2507R_{WC} + 0.1326R_{SC} + 0.2075R_{WRC} + 0.1769R_{2VS} + 0.3957R_{H0} - 0.4209R_{t0} - 0.4391R_H + 0.3382T$$

$$F_2 = -0.0641C_T - 0.4312C_W + 0.4536R_{AC} + 0.4572R_{WC} + 0.1594R_{SC} - 0.3670R_{WRC} - 0.2572R_{2VS} - 0.2288R_{H0} + 0.2608R_{t0} + 0.2188R_H + 0.0246T$$

$$F_3 = 0.6231C_T + 0.1887C_W - 0.1821R_{AC} - 0.0338R_{WC} + 0.4318R_{SC} - 0.1418R_{WRC} - 0.0591R_{2VS} - 0.1952R_{H0} + 0.1282R_{t0} - 0.0374R_H + 0.5256T$$

$$F_4 = 0.1533C_T - 0.2268C_W + 0.2348R_{AC} - 0.2631R_{WC} + 0.1277R_{SC} + 0.0040R_{WRC} + 0.7941R_{2VS} - 0.1870R_{H0} - 0.0069R_{t0} + 0.3313R_H - 0.0950T$$

$$F_5 = 0.4357C_T - 0.0440C_W - 0.0460R_{AC} + 0.2150R_{WC} - 0.8053R_{SC} - 0.2811R_{WRC} + 0.1395R_{2VS} + 0.0217R_{H0} - 0.0151R_{t0} - 0.0057R_H + 0.1100T$$

由表 2.3 和表 2.4 可分析得到：

第一主成分的贡献率约 30%，主要包含养护湿度、养护结束龄期和环境湿度。其中养护湿度、养护结束龄期代表混凝土制造养护工艺，而环境湿度集中体现了外部因素对混凝土收缩的影响。

第二主成分体现了水泥用量、集料含量、水灰比和减水剂含量的影响。这四项都属于混凝土材料构成方面的指标。说明第二主成分表征混凝土材料组成成分。

第三主成分主要与水泥品种、环境温度相关。水泥品种表现了原材料特性对混凝土收缩的影响。环境温度属于外部影响因素。

第四主成分集中体现了构件有效厚度的作用。有效厚度是混凝土构件几何特性的主要指标。

第五主成分突出了硅粉含量的影响。硅粉含量也是混凝土外加剂的重要指标。

通过对比分析可知，前述混凝土收缩影响因素分析结果与表 2.1 中 33 组混凝土收缩试验样本数据的敏感性分析结果大致相同，说明本方法可以简要有效地分析混凝土收缩影响因素的敏感性。

基于上述混凝土收缩影响因素主成分对比分析，可得到结论：本书将主成分分析法引入混凝土收缩影响因素的敏感性研究中，综合考虑内部和外部影响因素，提出了 11 个单项评价指标,并通过对多组混凝土收缩试验样本数据的分析，得出各项指标对混凝土收缩影响力度，得到的两组分析结果大致相同，说明主成分分析方法适用于混凝土收缩影响因素的敏感性分析。

2.2 混凝土徐变影响因素及敏感性分析

混凝土徐变影响因素亦可根据其来源分为内部和外部两大类。影响混凝土徐变的内部因素可分为材料性质、构件几何性质、制造养护工艺等。混凝土徐变由外荷载引起，故而外部影响因素主要考虑加载龄期、应力水平和持荷时间等加载相关条件，以及环境湿度和温度等条件。

2.2.1 混凝土徐变影响因素

1. 内部因素

（1）集料种类。

混凝土中的粗集料在外荷载作用下呈现惰性，仅产生瞬时弹性变形，混凝土徐变应变极小[26]。但是，粗集料对水泥浆体有约束作用和吸水作用。约束能力大小取决于粗集料硬度和含量。吸水程度依赖于粗集料的致密程度。混凝土徐变随干燥失水程度线性增加，粗集料本身质地和性质是影响混凝土徐变的根本因素[27]。

轻集料含水率对高强轻集料混凝土徐变影响较小[27]。粗集料弹性模量越大，对混凝土徐变的影响越小。当粗集料弹性模量小于 30 Gpa 时，对徐变影响较大；弹性模量大于 30 GPa 时，对徐变影响较小；而高于 70 GPa 时，可以将其带来的影响忽略不计[28]。

（2）集料含量。

混凝土徐变随粗集料含量的增大而降低，因为粗集料对水泥石徐变具有限制作用。如果混凝土粗集料含量从总体积的 60%增加至 75%，混凝土徐变大约可减小 50%。

（3）水泥品种。

水泥品种对混凝土徐变影响较小，但会直接关系到加载时混凝土的强度。混凝土徐变受水泥中石膏影响较大，石膏含量较高，高铝水泥混凝土徐变较小[29]。若采用高炉矿渣替换一定量水泥，可以减小混凝土基本徐变。

（4）水泥用量。

其他条件不变时，混凝土中水泥用量越大，徐变越大。因为水泥浆体是导致混凝土产生徐变的主要物质，水泥用量越大，水泥石越多。

（5）水灰比。

水灰比是混凝土徐变的主要影响因素之一。其他条件不变时，水灰比与混凝土徐变成正比。水灰比越小，混凝土中水泥颗粒间距越小、毛细管孔径越小，即混凝土密度越小，导致混凝土强度增长速率越低，混凝土徐变越小。混凝土徐变与水灰比大体上呈现线性关系。

（6）外加剂。

外加剂改变了混凝土孔溶液的表面物化性能，导致孔溶液与孔壁相互作用变化或干燥过程改变，这是外加剂影响徐变的根本原因[27]。

在相同混凝土强度条件下，掺硅粉混凝土的徐变度大约为未掺硅粉混凝土的一半。

掺粉煤灰也可减小混凝土徐变，因为粉煤灰可使混凝土密度增大，导致混凝土凝胶体中水分、水泥石黏性流动和细晶体内部滑动减小，从而减小了混凝土徐变。

其他条件不变时，混凝土徐变随引气剂掺量的增加而增大，因为掺加引气剂相当于降低了混凝土密度。

（7）构件几何特性。

通常情况下，混凝土构件体表比越小徐变越大。因为构件与环境接触面积越大，混凝土含水量下降越快。加载初期构件尺寸对混凝土徐变影响最大，之后各尺寸试件徐变速率基本相同[28]。因为环境湿度与构件湿度之间的不平衡状态及其产生的混凝土干燥徐变，一般都存在于构件加载的初始阶段。

（8）养护方法。

早龄期混凝土徐变随着养护温度升高而减小，而且随着养护温度升高，混凝土拉伸徐变呈递减趋势[29]。蒸汽养护或高压蒸汽养护导致混凝土含水量明显下降，使得混凝土徐变大量减小。

2. 外部因素

（1）环境湿度。

环境湿度对混凝土徐变影响较大。周围介质相对湿度越大，混凝土徐变越小。若周围介质相对湿度与混凝土湿度形成某种平衡状态，则环境湿度对混凝土徐变的影响将会变弱。混凝土失水干燥与徐变增加具有相关性，试验证明混凝土徐变随干燥失水程度线性增加[27]。

（2）环境温度。

混凝土徐变受环境温度的影响较为明显。混凝土构件加载时环境温度越高，则混凝土徐变也越大。C80 和 C100 高强混凝土高温徐变时变特性较为接近，但与 C40 混凝土存在较大差异[30]。冻融循环也会导致混凝土徐变明显增加。

（3）加载龄期。

混凝土徐变受加载龄期影响较大。加载龄期越早，混凝土徐变越大。但随着时间推移，不同龄期加载产生的混凝土徐变会逐渐相同。因为随着龄期增长，混凝土强度不断提高，混凝土密度不断增大，不同龄期加载对混凝土徐变的影响也逐步减小。早龄期高性能混凝土拉伸徐变随着加荷龄期的增长而显著减少[29]。

（4）持荷时间。

混凝土徐变随着加载持续时间增长逐渐增大，但徐变增大速率会逐步减小，绝大部分的混凝土徐变会在 1～2 年内完成。有研究表明，混凝土加载 20 年之后仍会出现微小徐变。

（5）应力水平。

若应力不超过混凝土强度的 40%～50%，则可认为普通混凝土徐变与荷载呈线性关系；若大于此范围，则二者为非线性相关。另外，若应力与混凝土强度之比不变，则混凝土徐变基本一致。混凝土构件加载应力水平越高，则同等条件下高温徐变越大[30]。

通过以上对混凝土徐变内部和外部影响因素的分析，可以得知：水灰比、环境温度、持荷时间、应力水平等影响因素与混凝土徐变成正比；而粗集料硬度和含量、水泥中石膏含量、粉煤灰掺量、环境湿度、加载龄期等影响因素与混凝土徐变成反比。

2.2.2 混凝土徐变影响因素敏感性分析

在遵循指标选取原则的基础上建立混凝土徐变影响指标体系，选取相关文献的54组混凝土徐变试验数据作为样本数据[20, 25, 32-35]，采用主成分分析法分析混凝土徐变影响因素的敏感性。

1. 指标体系建立

混凝土徐变影响指标选取遵循以下几个原则：可测性、完备性、客观性、灵敏性、简明性。

影响混凝土徐变的指标体系由水泥品种、水泥用量、集料与水泥比、水灰比、减水剂含量、构件有效厚度、养护湿度、环境湿度、环境温度、加载龄期、应力水平等11项指标组成。

（1）水泥品种（C_{T}）：根据 *CEB-FIP Model Code* 的 SL、N、R、RS，分别对应数值 1、2、3、4。

（2）水泥用量（C_{W}）：单位体积混凝土中水泥质量（$\mathrm{kg/m^3}$）。

（3）集料与水泥比（R_{AC}）：单位体积混凝土中集料与水泥质量之比。

（4）水灰比（R_{WC}）：单位体积混凝土中水与水泥质量之比。

（5）减水剂含量（R_{WRC}）：单位体积混凝土中减水剂与水泥质量百分比（%）。

（6）构件有效厚度（R_{2VS}）：混凝土构件有效厚度 $R_{2VS}=2V/S$（mm），其中，V 是构件体积（$\mathrm{mm^3}$），S 是构件暴露在环境中的表面积（$\mathrm{mm^2}$）。

（7）养护湿度（R_{H0}）：混凝土养护湿度（%）。

（8）环境湿度（ R_{Hi} ）：环境相对湿度（%）。对于密封混凝土试件，其值为 99；对于存放于水中的混凝土试件，其值为 100。

（9）环境温度（ T ）：混凝土构件周围环境温度（°C）。

（10）加载龄期（ R_{t1} ）：开始施加外荷载时的混凝土龄期（d）。

（11）应力水平（ S_L ）：加载初始时刻应力与混凝土抗压强度之比。

2. 选取样本数据

选取相关文献的 54 组混凝土徐变试验数据作为样本数据，见表 2.5。

表 2.5　指标体系样本数据[20, 25, 32-35]

样本编号	C_T	C_W	R_{AC}	R_{WC}	R_{WRC}	R_{2VS}	R_{H0}	R_H	T	R_{t1}	S_L
X1	3	332	5.413	0.515	0.2	100	65	65	20	28	0.374
X2	3	312	5.858	0.545	0.2	100	65	65	20	28	0.374
X3	3	332	5.413	0.485	0.4	100	65	65	20	28	0.327
X4	3	335	5.398	0.5	0.2	100	65	65	20	28	0.334
X5	3	535	3.3	0.27	1.5	38	100	100	22	28	0.179
X6	3	628	2.6	0.27	1.3	38	100	100	22	28	0.199
X7	3	535	3.3	0.27	1.5	38	100	65	22	28	0.179
X8	3	628	2.6	0.27	1.3	38	100	65	22	28	0.199
X9	3	564	3.041	0.281	1.573	76	98	50	23	28	0.447
X10	4	487	3.581	0.32	1.762	76	98	50	23	28	0.309
X11	4	564	2.945	0.255	2.727	76	98	50	23	28	0.389
X12	4	475	3.496	0.318	2.646	76	98	50	23	28	0.424
X13	3	450	4.217	0.3	3	50	99	99	20	30	0.397
X14	3	450	4.217	0.3	3	50	65	65	20	30	0.397
X15	3	450	4.217	0.3	3	50	99	99	20	30	0.466
X16	3	500	3.625	0.3	2	50	99	99	20	30	0.401
X17	3	500	3.625	0.3	2	50	65	65	20	30	0.401

续表

样本编号	C_T	C_W	R_{AC}	R_{WC}	R_{WRC}	R_{2VS}	R_{H0}	R_H	T	R_{t1}	S_L
X18	3	432	4.375	0.271	2.083	50	99	99	20	29	0.402
X19	3	432	4.375	0.271	2.083	50	65	65	20	29	0.402
X20	3	414	4.559	0.239	3.261	50	99	99	20	29	0.423
X21	3	414	4.559	0.239	3.261	50	65	65	20	29	0.423
X22	3	460	3.92	0.239	2.898	50	99	99	20	29	0.363
X23	3	414	4.559	0.239	3.261	50	99	99	20	29	0.615
X24	3	450	3.994	0.38	1	50	99	99	20	32	0.48
X25	3	450	3.994	0.38	1	50	65	65	20	32	0.48
X26	1	450	4.193	0.3	4	50	99	99	20	30	0.383
X27	1	450	4.193	0.3	4	50	65	65	20	30	0.383
X28	1	414	4.535	0.239	4.348	50	99	99	20	28	0.416
X29	3	450	4.166	0.3	3	50	99	99	20	29	0.393
X30	3	414	4.504	0.239	3.261	50	99	99	20	29	0.397
X31	3	450	4.166	0.3	3	50	99	99	20	29	0.393
X32	3	450	4.213	0.3	3.5	50	99	99	20	29	0.533
X33	3	414	4.553	0.239	3.623	50	99	99	20	29	0.402
X34	3	550	3.151	0.3	4	50	99	99	20	29	0.423
X35	3	460	4.175	0.239	2.174	50	99	99	20	29	0.395
X36	3	460	4.175	0.239	2.174	50	65	65	20	29	0.395
X37	3	480	4.017	0.271	2.777	50	65	65	20	29	0.394
X38	3	460	4.186	0.239	4.348	50	99	99	20	29	0.336
X39	3	550	3.151	0.3	4	50	99	99	20	29	0.355
X40	1	500	3.845	0.3	4	50	99	99	20	29	0.567
X41	1	460	4.156	0.239	4.348	50	99	99	20	30	0.395
X42	3	450	4.217	0.3	3	50	65	65	20	28	0.464

续表

样本编号	C_T	C_W	R_{AC}	R_{WC}	R_{WRC}	$R_{2V/S}$	R_{H0}	R_H	T	R_{t1}	S_L
X43	3	414	4.559	0.239	3.261	50	65	65	20	28	0.339
X44	3	480	4.017	0.271	2.777	50	99	99	20	29	0.394
X45	4	400	4.875	0.323	3	75	60	60	20	28	0.186
X46	4	400	4.875	0.323	3	75	60	60	20	28	0.373
X47	3	475	3.78	0.316	3	50	99	65	20	28	0.13
X48	3	475	3.78	0.316	3	50	99	65	20	28	0.217
X49	3	475	3.78	0.316	3	50	99	65	20	28	0.303
X50	3	475	3.779	0.316	3	50	99	50	20	0.67	0.358
X51	3	475	3.779	0.316	3	50	99	50	20	0.67	0.597
X52	3	475	3.779	0.316	3	50	99	50	20	0.67	0.837
X53	3	451	3.985	0.359	3.06	75	65	65	20	77	0.398
X54	3	416	4.142	0.446	1.601	75	65	65	20	77	0.38

3. 数据处理及结果分析

因为本书进行分析的影响混凝土徐变的指标具有不同的量纲和单位，需对各项指标进行标准化处理，使其无量纲化。对表 2.5 中混凝土徐变试验数据进行标准化变换，计算得出各指标相关系数矩阵 $\boldsymbol{R}_X$，如表 2.6 所示。

表 2.6 影响混凝土徐变的指标的相关系数矩阵 $\boldsymbol{R}_X$

相关系数	F_1	F_2	F_3	F_4	F_5	F_6	F_7	F_8	F_9	F_{10}	F_{11}
F_1	1.000	0.033	−0.072	0.122	−0.386	0.280	−0.119	−0.371	0.328	−0.021	−0.160
F_2	0.033	1.000	−0.978	−0.511	0.149	−0.563	0.506	0.051	0.565	−0.101	−0.175
F_3	−0.072	−0.978	1.000	0.477	−0.146	0.539	−0.525	0.007	−0.583	0.059	0.138
F_4	0.122	−0.511	0.477	1.000	−0.652	0.775	−0.447	−0.339	−0.129	0.187	−0.026
F_5	−0.386	0.149	−0.146	−0.652	1.000	−0.496	0.311	0.328	−0.284	−0.081	0.227

续表

样本编号	F_1	F_2	F_3	F_4	F_5	F_6	F_7	F_8	F_9	F_{10}	F_{11}
F_6	0.280	−0.563	0.539	0.775	−0.496	1.000	−0.468	−0.441	0.109	0.212	−0.024
F_7	−0.119	0.506	−0.525	−0.447	0.311	−0.468	1.000	0.504	0.283	−0.310	0.053
F_8	−0.371	0.051	0.007	−0.339	0.328	−0.441	0.504	1.000	−0.315	0.121	0.040
F_9	0.328	0.565	−0.583	−0.129	−0.284	0.109	0.283	−0.315	1.000	−0.039	−0.271
F_{10}	−0.021	−0.101	0.059	0.187	−0.081	0.212	−0.310	0.121	−0.039	1.000	−0.217
F_{11}	−0.160	−0.175	0.138	−0.026	0.227	−0.024	0.053	0.040	−0.271	−0.217	1.000

求解相关系数矩阵 $\boldsymbol{R}_X$ 的特征值，并求得与之相对应的贡献率及累计贡献率，如表 2.7 所示。

表 2.7 影响混凝土徐变指标的特征值及其贡献率

主成分	特征值	贡献率 λ_j	累计贡献率 $\sum_{j=1}^{k}\lambda_j$
F_1	3.873 8	0.352	0.352
F_2	2.490 0	0.226	0.579
F_3	1.254 5	0.114	0.693
F_4	0.893 2	0.081	0.774
F_5	0.762 6	0.069	0.843
F_6	0.677 8	0.062	0.905
F_7	0.524 7	0.048	0.952
F_8	0.311 2	0.028	0.981
F_9	0.144 9	0.013	0.994
F_{10}	0.057 4	0.005	0.999
F_{11}	0.010 0	0.001	1.000

根据主成分确定原则 $\sum_{j=1}^{k}\lambda_j / \sum_{j=1}^{p}\lambda_j \geqslant 0.85$，选取 6 个主成分：$F_1$、$F_2$、$F_3$、$F_4$、$F_5$、$F_6$。各主成分对应的特征向量见表 2.8。

表 2.8 影响混凝土徐变指标的特征向量

指标	F_1	F_2	F_3	F_4	F_5	F_6
C_T	0.108 1	−0.388 6	0.164 7	−0.046 3	−0.498 1	−0.697 6
C_W	−0.410 3	−0.309 3	−0.058 1	−0.082 3	0.198 5	0.084 3
R_{AC}	0.400 5	0.327 3	0.042 9	0.099 0	−0.255 3	−0.014 6
R_{WC}	0.420 4	−0.104 2	−0.023 1	0.317 4	0.279 9	0.167 3
R_{WRC}	−0.279 7	0.358 7	0.037 6	−0.395 3	−0.026 3	−0.122 2
R_{2vs}	0.425 7	−0.161 8	0.036 4	0.161 0	0.198 7	−0.102 9
R_{H0}	−0.378 9	0.000 8	0.094 2	0.595 6	0.028 7	−0.136 6
R_H	−0.212 7	0.356 2	−0.345 5	0.531 8	−0.096 3	−0.248 6
T	−0.140 6	−0.527 0	0.030 6	0.110 0	0.193 1	−0.018 2
R_{t0}	0.122 0	−0.014 0	−0.731 0	−0.217 6	0.359 4	−0.416 4
S_L	0.002 8	0.275 0	0.548 5	−0.036 3	0.593 6	−0.445 3

可得 6 个主成分为：

$$F_1 = 0.108\,1C_T - 0.410\,3C_W + 0.400\,5R_{AC} + 0.420\,4R_{WC} - 0.279\,7R_{WRC} + 0.425\,7R_{2VS} - 0.378\,9R_{H0} - 0.212\,7R_H - 0.140\,6T + 0.122\,0R_{t1} + 0.002\,8S_L$$

$$F_2 = -0.388\,6C_T - 0.309\,3C_W + 0.327\,3R_{AC} - 0.104\,2R_{WC} + 0.358\,7R_{WRC} - 0.161\,8R_{2VS} + 0.000\,8R_{H0} + 0.356\,2R_H - 0.527\,0T - 0.014\,0R_{t1} + 0.275\,0S_L$$

$$F_3 = 0.164\,7C_T - 0.058\,1C_W + 0.042\,9R_{AC} - 0.023\,1R_{WC} + 0.037\,6R_{WRC} + 0.036\,4R_{2VS} + 0.094\,2R_{H0} - 0.345\,5R_H + 0.030\,6T - 0.731\,0R_{t1} + 0.548\,5S_L$$

$$F_4 = -0.046\,3C_T - 0.082\,3C_W + 0.099\,0R_{AC} + 0.317\,4R_{WC} - 0.395\,3R_{WRC} + 0.161\,0R_{2VS} + 0.595\,6R_{H0} + 0.531\,8R_H + 0.110\,0T - 0.217\,6R_{t1} - 0.036\,3S_L$$

$$F_5 = -0.4981C_{\mathrm{T}} + 0.1985C_{\mathrm{W}} - 0.2553R_{\mathrm{AC}} + 0.2799R_{\mathrm{WC}} - 0.0263R_{\mathrm{WRC}} + 0.1987R_{2VS} + 0.0287R_{\mathrm{H0}} - 0.0963R_{\mathrm{H}} + 0.1931T + 0.3594R_{\mathrm{t1}} + 0.5936S_{\mathrm{L}}$$

$$F_6 = -0.6976C_{\mathrm{T}} + 0.0843C_{\mathrm{W}} - 0.0146R_{\mathrm{AC}} + 0.1673R_{\mathrm{WC}} - 0.1222R_{\mathrm{WRC}} - 0.1029R_{2VS} - 0.1366R_{\mathrm{H0}} - 0.2486R_{\mathrm{H}} - 0.0182T - 0.4164R_{\mathrm{t1}} - 0.4453S_{\mathrm{L}}$$

由表 2.7 和表 2.8 分析得到：

第一主成分的贡献率达到 35%，主要包含水泥用量、集料含量、水灰比和构件有效厚度等因素。前三项属于混凝土材料性质的组成部分。有效厚度是混凝土构件几何特性的主要指标。

第二主成分体现了环境温度的影响。

第三主成分主要与加载龄期相关。

第四主成分集中体现了养护湿度和环境湿度的作用。养护湿度代表混凝土制造养护工艺，而环境湿度集中体现了外部因素对混凝土收缩的影响。

第五主成分突出了应力水平的影响。

第六主成分突出了水泥品种的作用。需要注意，减水剂含量没有体现出来。

通过对比分析可知，前述混凝土徐变影响因素分析结果与表 2.5 中 54 组混凝土徐变试验样本数据的敏感性分析结果大致相同，说明本方法可以简要有效地分析混凝土徐变影响因素的敏感性。

基于上述混凝土徐变影响因素主成分对比分析，可得到结论：本书将主成分分析法引入到混凝土徐变影响因素的敏感性研究中，综合考虑内部和外部影响因素，提出了 11 个单项评价指标，并通过对多组混凝土徐变试验样本数据的分析，得出各项指标对混凝土徐变的影响力度，得到的两组分析结果大致相同，说明主成分分析方法适用于混凝土徐变影响因素的敏感性分析。

2.3 混凝土收缩模型和徐变理论选择

本节基于 5 种最为广泛应用的混凝土收缩与徐变预测模型，通过对预测模型的对比分析，选择最优的混凝土收缩模型和徐变理论用于混凝土箱梁时变效应耦合作用本构模型的建立。

2.3.1 混凝土收缩与徐变预测模型

目前土木工程领域普遍使用的混凝土收缩和徐变预测模型主要包括：美国混凝土学会提出的 ACI 209R-92 模型（2008 重新核准版本）[12]、欧洲混凝土委员会-国际预应力协会提出的 CEB-FIP 模型、美国西北大学 Zdeněk Pavel Bažant 等人提出的 B3 模型[36]、德国卡尔斯鲁伦大学 H. S. Müller 等人建立的 Müller 模型[37]、加拿大渥太华大学 N. J. Gardner 和 M. J. Lockman 创立的 GL2000 模型[38]等。

我国行业标准《公路钢筋混凝土及预应力混凝土桥涵设计规范》（JTG 3362—2018）中的附录 C“混凝土收缩应变和徐变系数计算及钢筋松弛损失中间值与终极值的比值”的条文说明中提到“……参照 1990 年《CEB-FIP 模式规范》的规定编写”。可见，在混凝土收缩应变和徐变系数方面，国内公路桥规属于 CEB-FIP 模型范畴。

2.3.2 预测模型对比分析

本小节从模型影响参数和计算精度等方面，对 5 种混凝土收缩和徐变预测模型进行对比分析。

1. 预测模型影响参数对比分析

混凝土收缩和徐变受多种因素的影响，如组成材料特性、配合比、养护方法、混凝土构件状况、加载情况等。由于各预测模型基于不同的试验研究，考虑的影响参数也不尽相同。表 2.9 为 5 类混凝土收缩预测模型影响参数对比。

表 2.9 混凝土收缩和徐变预测模型影响参数对比[40]

编号	参数	ACI 209R-92 模型	B3 模型（1995）	CEB-FIP 模型（1990）/Müller 模型	GL2000 模型
1	28 d 龄期混凝土强度	√	√	√	√
2	水泥品种	√	√	√	√
3	养护方法	√	√	×	×
4	相对湿度	√	√	√	√
5	养护时混凝土龄期	√	√	√	√
6	体表比	√	√	×	√
7	水泥含量	√	√	×	×
8	坍落度	√	×	×	×
9	细集料含量（质量比）	√	×	×	×
10	含气量（体积比）	√	×	×	×
11	混凝土密度	√	×	×	×
12	横截面形状	×	√	×	×
13	含水率	×	√	×	×
14	水灰比	×	√	×	×
15	集料水泥之比	×	√	×	×
16	横截面面积	×	×	√	×
17	截面与大气接触情况	×	×	√	×

注：表中“√”指该模型包含了此参数；“×”指该模型不包含此参数。

由表 2.9 可见，GL2000、CEB-FIP 与 Müller 模型这三类混凝土收缩预测模型所需参数较少，基本没有考虑混凝土配合比与材料特性；ACI 209R-92 与 B3 模型所需参数较多，但对混凝土构件情况考虑较少。

2. 预测模型计算精度对比分析

美国西北大学 Zdeněk Pavel Bažant 等人[36]基于包含 518 组混凝土徐变和 426 组收缩试验资料组成的国际材料与结构研究实验联合会 TC-107 委员会混凝土收缩徐变数据库，通过 B3 变异系数法、残差法、CEB 变异系数法、残差标准差法、CEB 平均平方差法、平均残差法及 CEB 平均方差法等多种数学统计检验方法，对多个混凝土收缩和徐变预测模型开展了校核和评价，计算结果见表 2.10 和表 2.11。

表 2.10　不同预测模型收缩应变计算值与试验数据对比情况[36]

检验方法	ACI 209R-92 模型	CEB-FIP 模型（1990）	B3 模型（1995）	GL 2000 模型
B3 变异系数法	151%/102%（4）	563%/90%（3）	115%/55%（2）	46%/46%（1）
CEB 变异系数法	46%/46%（3）	52%/52%（4）	41%/40%（2）	37%/37%（1）
CEB 平均平方差法	123%/83%（2）	72%/60%（1）	524%/84%（4）	245%/84%（3）
CEB 平均方差法	1.26/1.22（3）	0.77/0.75（2）	1.34/1.07（1）	1.36/1.26（4）
计算精度排名之和	12	10	9	9

注：①“/”前面的数字为对在模型计算范围内的所有数据计算的结果，“/”后面的数字为剔除计算结果差异过大的数据后的计算结果；
② 括号内数字为该模型用该种检验方法得出的计算精度在 4 种模型中的排名。

表 2.11　残差法检验预测模型收缩计算值相对于试验值分布情况对比[36]

预测模型	残差分布情况	
	高估情况	低估情况
ACI 209R-92 模型	63%	37%
CEB-FIP 模型（1990）	17%	83%
B3 模型（1995）	39%	61%
GL2000 模型	59%	41%

在预测结果精度方面，B3 模型（1995）和 GL2000 模型对混凝土收缩预测精度最高，CEB-FIP 模型（1990）次之。在预测结果分布方面，较为理想的是 GL2000 模型、B3 模型（1995）和 CEB-FIP 模型（1990）。综合比较，GL2000 模型预测结果最佳，B3 模型（1995）和 CEB-FIP 模型（1990）预测效果较好，ACI 209R-92 模型应用性较差。

Bažant 等人[40]又基于包含 621 组混凝土徐变及 490 组收缩试验资料的 NU-ITI 数据库，引入数据权重采用最小二乘法对 ACI 209R-92 模型、CEB-FIP 模型（1990）、B3 模型（1995）、GL2000 模型和 GZ 模型①等进行了预测误差统计分析，计算结果见表 2.12。

表 2.12　预测模型误差变异标准系数[40]

项目	徐变柔度					相对徐变柔度				
	B3	ACI	CEB	GL	GZ	B3	ACI	CEB	GL	GZ
200 个超立方体	28.3%	38.8%	30.6%	28.5%	39.5%	24.4%	59.0%	29.3%	27.0%	35.7%
5 区间 log（$t-t'$）	26.2%	41.9%	29.7%	28.5%	43.8%	26.4%	66.0%	33.0%	29.8%	32.9%
4 区间 $\log t'$	27.4%	37.1%	29.9%	28.8%	48.2%	26.9%	74.3%	33.3%	30.5%	33.0%
7 区间 $D^{1/2}$	23.3%	36.9%	27.3%	23.3%	33.2%	20.1%	55.9%	24.4%	21.9%	22.6%
10 区间 H	24.4%	44.2%	29.0%	30.7%	44.6%	21.0%	52.6%	28.0%	25.4%	28.6%
项目	收缩					相对收缩				
	B3	ACI	CEB	GL	GZ	B3	ACI	CEB	GL	GZ
112 个超立方体	37.4%	44.4%	48.1%	43.3%	50.0%	41.8%	51.8%	47.9%	48.3%	58.1%
5 区间 log（$t-t_0$）	29.4%	40.8%	48.0%	37.7%	49.3%	34.5%	49.5%	46.0%	43.3%	54.7%
4 区间 $\log t_0$	42.8%	48.6%	56.0%	53.9%	64.2%	44.9%	52.8%	57.6%	54.0%	64.7%
7 区间 $D^{1/2}$	27.2%	37.3%	49.2%	29.1%	38.9%	33.7%	46.4%	45.0%	39.9%	52.9%
10 区间 H	38.4%	52.0%	46.9%	54.4%	46.6%	41.6%	55.6%	43.0%	41.9%	45.6%

① GZ 模型指 1993 年 Gardner 和 Zhao[41]提出的模型。

由表 2.12 可以看出，B3 模型（1995）混凝土收缩和徐变预测效果均为最佳，GL2000 模型次之，再次是 CEB-FIP 模型（1990）。

通过混凝土收缩和徐变预测模型影响参数和计算精度等方面综合对比分析，可得出以下结论：在满足国内现行公路桥规要求的基础上，混凝土桥梁收缩和徐变预测计算应首选 B3 模型（1995）和 GL2000 模型，再做进一步精确分析。

2.4 连续变温条件下早龄期混凝土收缩

美国混凝土学会将“混凝土收缩”定义为混凝土硬化后体积随时间减小的现象[7]。正因定义如此，通常作为研究对象的“混凝土收缩”，其时间起点被设定为“混凝土硬化”的时刻。相对于此，“混凝土硬化”之前体积随时间减小的现象，便属于“早龄期混凝土收缩”的范畴。

2.4.1 试验方案

1. 试验目的

通过中国北方地区①7 月份日气温变化模拟环境下的应变试验，得出早龄期混凝土在日气温连续变化影响下的收缩应变的时变规律。受气候影响，夏季是中国北方桥梁施工的主要季节。故选取 7 月作为模拟试验的时间。

2. 试验仪器

本书试验仪器为长安大学自主研制的“材料收缩变形测试仪”，如图 2.1 和图 2.2 所示。

① 本书指淮河、秦岭和昆仑山以北的广大区域，约北纬 33°～53°。

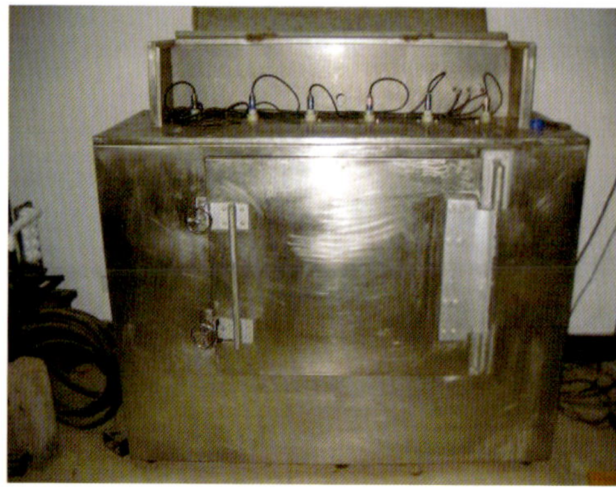

（a）环境箱

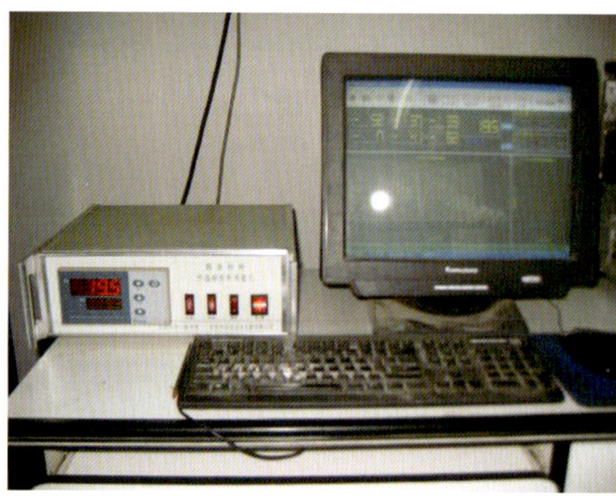

（b）工业控制计算机

（c）环境箱内混凝土试件

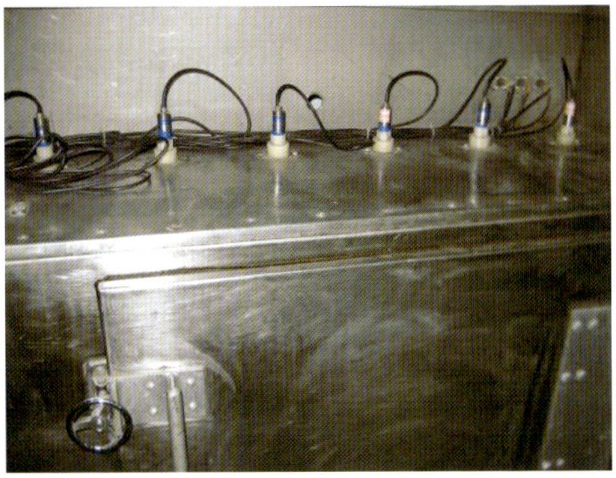

（d）环境箱顶面位移传感器

图 2.1 材料收缩变形测试仪

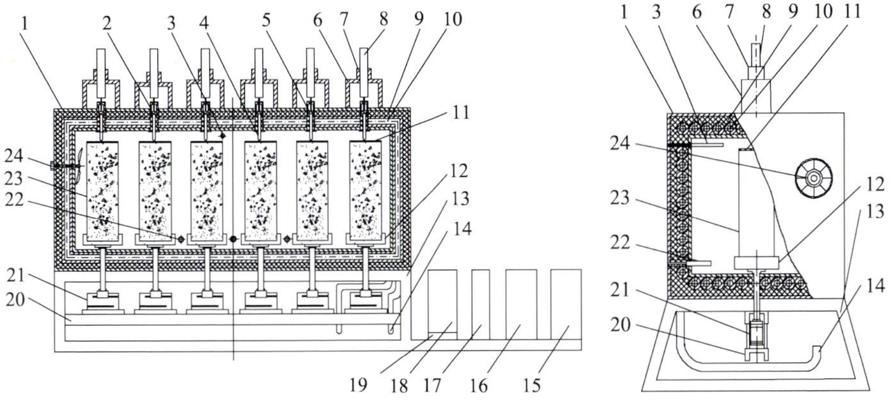

（a）正立面图　　（b）侧立面图

1—环境箱；2—内套管；3—温度传感器；4—传导杆；5—胶木垫；6—位移传感器支架；7—外套管；8—位移传感器；9—保温层；10—冷凝管；11—玻璃垫板；12—试件支架；13—支架；14—压缩机管；15—打印机；16—工业控制计算机；17—A/D 转换器；18—压缩机；19—减振垫；20—横梁；21—称重传感器；22—加热带；23—试件；24—风扇。

图 2.2 材料收缩变形测试仪各部件

环境箱的上顶面安装有 6 个位移传感器支架，每个支架上配置 1 个通过导线与 A/D 转换器相连接的位移传感器。位移传感器型号为 WYD，位移测试分辨率达到万分之三，精度为 0.1 μm，可确保测试结果的精度。位移传感器将接收到的位移信号转换成电信号输出到A/D转换器，后者将输入的电信号转换成数字信号输出到工业控制计算机。

环境箱底面的横梁固定在支架上。横梁上用螺纹紧固连接件安装有6个称重传感器，型号为BK-5系列。称重传感器同样通过导线与A/D转换器相连接。

3. 原材料及配合比

水泥选用P·O 42.5普通硅酸盐水泥，细集料采用中砂，粗集料采用石灰岩碎石，减水剂采用CUF-3引气缓凝高效减水剂。两组混凝土试件配合比分别见表2.13。

表2.13 混凝土试件配合比

试件编号	水灰比	材料用量/（kg/m^3）				砂率	减水剂/（kg/m^3）
		水泥	水	细集料	粗集料		
A组	0.36	403	145	685	1 167	37%	6.05
B组	0.44	330	145	712	1 213	37%	4.95

注：① 混凝土配合比按照密度法计算，混凝土密度为2 400 kg/m^3。
② 减水剂掺量按水泥用量的1.5%取用。

4. 试验流程

（1）制作两组（每组6个）不同配合比的混凝土试件，规格尺寸为100 mm × 100 mm × 400 mm。

（2）试件在养护室标准养护8 h后，即刻移入收缩变形测试仪环境箱内。

（3）环境箱内温度设为18.5 °C，在试件移入之前预热1 h。待试件移入后，保持环境箱内恒温18.5 °C。恒温1 h之后，确定位移传感器初始值，开始模拟环境下的应变试验。

（4）环境箱内温度随时间变化历程安排见表2.14，升温（降温）速率恒定为 ± 1.4 °C/h。一个完整的温度变化历程为T0 ~ T12，共计24 h。

表 2.14 温度随时间变化历程

变化阶段	T0	T1	T2	T3	T4	T5	T6	T7	T8	T9	T10	T11	T12
时间/h	—	2	2	2	2	2	2	2	2	2	2	2	2
温度/°C	18.5	21.3	24	26.8	29.5	32.3	35	32.3	29.5	26.8	24	21.3	18.5

根据统计数据，1951—2000 年中国北方[42，43]：7 月最高日平均气温 35 °C，最低日平均气温 18.5 °C；夏季（6—8 月）平均最高气温 28.9 °C，平均最低气温 17.4 °C。中国北方夏季（6—8 月）日最低气温与最高气温出现时间相差 10 ~ 12 h，本书试验取 12 h。

（5）环境箱内温度、试件应变数据采集周期为 2 min。应变数据采集持续 2 个历程，共计 48 h。在试验开始前、第 1 个 24 h 结束和第 2 个 24 h 结束这 3 个时间点，采集试件质量数据。

2.4.2 数值模型建立

在桥梁结构的受力性能分析过程中，有许多力学问题虽然已经得到其基本方程和边界条件，但解析法仅适用于求解少数的性质简单、边界规则的问题，大多数方程没有解析解。针对这类问题，主要有两种解决方法：一种是引入简化假设，但得到的解的精确度往往会降低较多，而且不恰当的假设还可能导致不正确的解析解；另一种是对问题的复杂性进行保留，利用数值计算方法求得问题的近似数值解。

数值计算方法是结构计算的近似方法。有限元数值方法基于弹性力学分析，引入能量原理与数值积分，将结构离散化可计算得出较精确的近似解。下面进行有限元数值模型的建立：

1. 模型建立

基于热弹性理论，利用有限元软件建立数值模型，对混凝土试件应变随温度变化进行数值模拟分析计算试件温度弹性应变，即不考虑收缩。因为混凝土试件横向尺寸较小，可认为试件各部位温度相同。因此，试验可简化为平面应变问题，建立尺寸为 0.1 m × 0.4 m 的混凝土试件二维有限元模型，如图 2.3 所示。

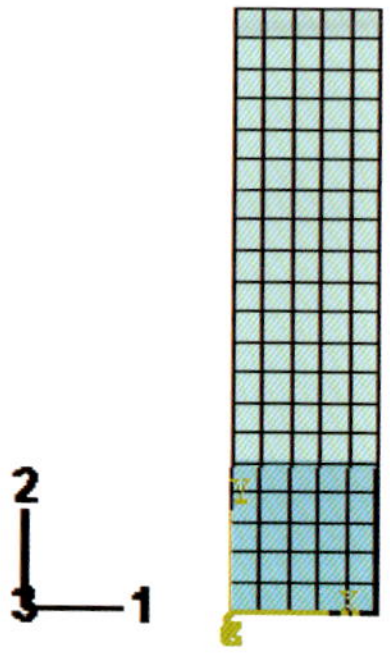

图 2.3　混凝土试件有限元数值模型

2. 边界条件

（1）温度场边界条件。

初始条件：根据试验方案设计，以 18.5 °C 作为初始温度。

边界条件：根据传热学原理，本书考虑第一类边界条件，即已知混凝土试件各时刻温度与模拟试验环境箱内温度一致。

（2）应力场边界条件。

模型力学边界条件按模型底部竖向方向位移为 0 考虑。

3. 参数选取

参考相似结构实测资料及相关文献，混凝土热特性参数：导热系数取 3.0 J/（h · m · °C），比热容取 1 000 J/（kg · °C），密度取 2 400 kg/m^3；混凝土力学参数：泊松比取 0.18。

混凝土热膨胀系数主要取决于集料的热特性[44, 45]。石灰岩线热膨胀系数平均值为 $3.5 \times 10^{-6} \sim 6.0 \times 10^{-6}$/°C[44]，石灰岩集料热膨胀系数为 5.0×10^{-6}/°C，石灰岩混凝土热膨胀系数 6.0×10^{-6}/°C[45]。

早龄期石灰岩混凝土热膨胀系数随龄期不断变化。混凝土浇筑后热膨胀系数逐渐增大至初凝时出现的最大值，而后逐渐减小至终凝时达到的最小值，其后（大约 8 h 龄期）热膨胀系数趋于稳定[46, 47]。因为浇筑之后混凝土水化反应剧烈，初凝前混凝土流动性急剧减小，热膨胀系数较大的自由水开始受到基体约束；至终凝时基体骨架基本形成，而自由水随着水化作用迅速减少，并且基体的约束加强，混凝土热膨胀系数达到最小值[46]。考虑到本试验在石灰岩混凝土试件 9 h 龄期开始，故而热膨胀系数取定值 6.0×10^{-6}/°C。

按照《公路工程水泥及水泥混凝土试验规程》（JTG E30—2005）进行抗压强度试验，得到 A 组和 B 组两种配合比的混凝土的抗压强度分别为 41.02 MPa、31.20 MPa。由现行《公路桥涵设计通用规范》（JTG D60—2015）可计算得出混凝土弹性模量分别为 $E_{cA}=3.28\times10^4$ MPa，$E_{cB}=3.02\times10^4$ MPa。因为早龄期混凝土弹性模量随龄期不断发展变化，需要依据 28 d 龄期弹性模量近似计算得出早龄期混凝土弹性模量。本书采用美国混凝土学会推荐的混凝土弹性模量随龄期变化近似公式[36]：

$$E(t)=E(28)[t/(4+0.85t)]^{1/2}$$

式中　t——混凝土龄期，d；

　　$E(t)$——t 龄期混凝土弹性模量，MPa。

2.4.3　试验与数值结果分析

1. 试验结果与数值计算对比分析

通过试验结果与数值计算对比，分析日气温连续变化影响下早龄期混凝土应变变化特点及混凝土收缩特性对应变变化的影响。混凝土试件放入养护室时间设为 t_0，时刻 $t_1=t_0+9$ h（8 h 养生 + 1 h 恒温），$t_2=t_1+24$ h。图 2.4、图 2.5 分别为以 t_1、t_2 作为起点的 24 h 内，在不考虑收缩情况下，考虑环境箱内试验温度变化，通过数值模拟计算得到的混凝土试件应变曲线与试验实测应变曲线的对比。图中应变数据为每组 6 个试件应变的算术平均值，膨胀应变为正值，收缩应变为负值。

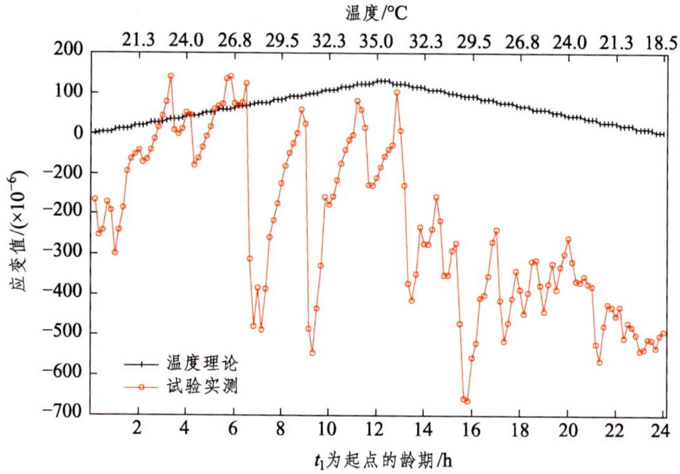

（a）A 组试件

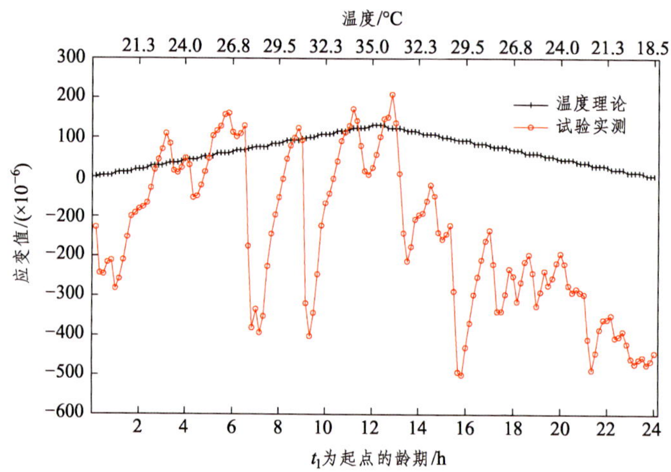

（b）B 组试件

图 2.4　第 1 个 24 h 内试件应变

由图 2.4 可见，在以时刻 t_1 为起点的第 1 个 24 h 内，由于早龄期混凝土收缩的影响，两组试件试验实测应变基本小于数值计算值。同时可看出，A 组试件收缩应变大于 B 组，膨胀应变小于 B 组。可见，水灰比越小，收缩应变越大、膨胀应变越小。这是因为水灰比较小的混凝土微观结构致密，平均孔径小；毛细孔径越小，内部相对湿度降低越迅速，从而产生越大的应力和收缩。

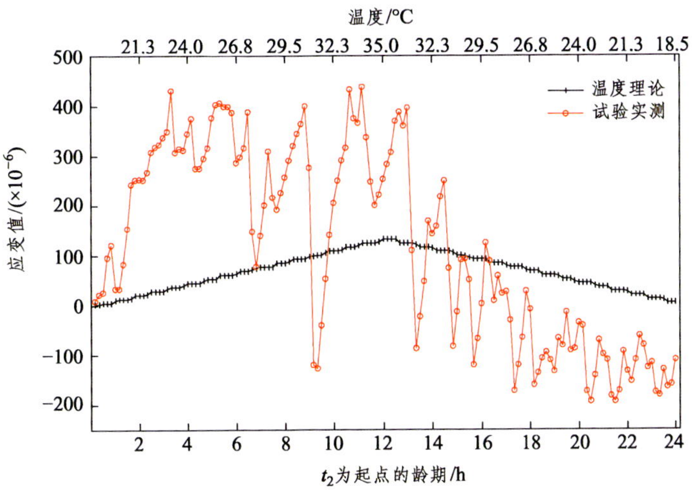

（a）A 组试件

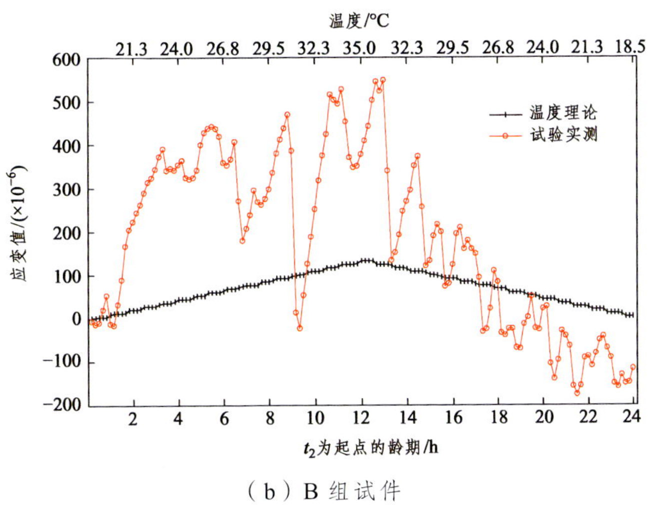

（b）B 组试件

图 2.5　第 2 个 24 h 内试件应变

由图 2.5 可见，在以时刻 t_2 为起点的第 2 个 24 h 内，在 18.5 ~ 35 °C 升温过程中（即 0—12 h），两组试件试验实测应变基本大于数值计算值；35 ~ 18.5 °C 降温过程中（即 12—24 h），两组试件试验实测应变基本小于数值计算值。

第 1 个 24 h 内的收缩应变大于第 2 个 24 h，但膨胀应变小于后者。这是因为随着龄期增长（水泥水化程度提高），混凝土中孔隙率减小，相同环境温度影响下混凝土自收缩及干燥收缩应变减小、膨胀应变增大。

18.5 ~ 35 °C 升温过程中（即 0—12 h），混凝土应变整体呈膨胀走势，但出现数次膨胀收缩交替变化，其中有两次剧烈收缩的应变差值（即一次剧烈收缩的应变变化幅度）可达 600×10^{-6} 以上。35 ~ 18.5 °C 降温过程中（即 12—24 h），混凝土应变整体呈收缩走势，并伴随着幅度较小的膨胀收缩交替且频次较高，但仍会出现较为剧烈的收缩，其应变差值可达 500×10^{-6} 以上。这主要是因为：① 混凝土内部温度对环境温度的响应过程是具有一定滞后性的热传导过程；② 混凝土中毛细孔水、吸附水和层间水的散失引起了干燥收缩，而且环境温度升高将导致混凝土干燥收缩增大，因为温度越高，水泥石中托贝莫来石凝胶的层间水失去越多，水泥石收缩越大；③ 混凝土中干燥收缩与温度的扩散速度不同，温度扩散速度比干缩扩散要快大约 1 000 倍。

混凝土并非在 35 °C（即温度最高点）时，膨胀应变达到最大，而是在最高温度过后约 1 h 后达到最大。在膨胀应变达到最大值后，将会出现降温过程中的第一次剧烈收缩。由此可见，混凝土内部温度对环境温度的响应是具有一定滞后性的热传导过程。响应过程取决于两个方面：一是作为驱动力的混凝土内外温差或温度梯度；二是表征混凝土热特性的导热系数或导温系数的大小。试验环境箱内升降温速率恒定，所以较低的导热系数导致混凝土内部温度对环境温度响应滞后。

同时应注意，在整个试验过程中，混凝土应变增加或减小的变化速率大致相同。这是由于受试验环境箱内恒定升降温速率的影响。出现应变变化速率不相同的原因可能是环境箱内温度变化速率与混凝土中温度扩散速度的差值发生变化（水分散失等引起），从而混凝土内外温度梯度产生变化，导致应变变化速率的改变。

2. 混凝土收缩应变分析

由于数值模型仅考虑了混凝土试件应变随试验温度变化，混凝土试件收缩应变值可近似地认为等于试验实测应变减去数值计算应变。图 2.6 即为 A、B 两组试件的收缩应变曲线。膨胀应变为正值，收缩应变为负值。

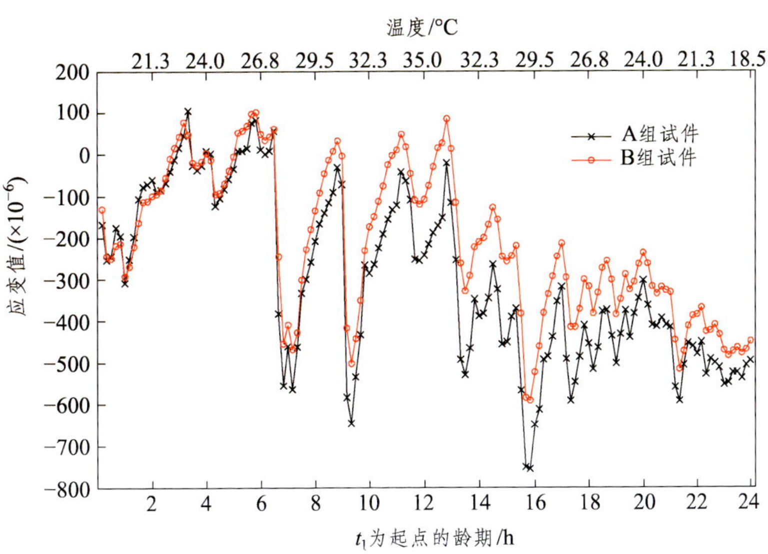

（a）第 1 个 24 h 内

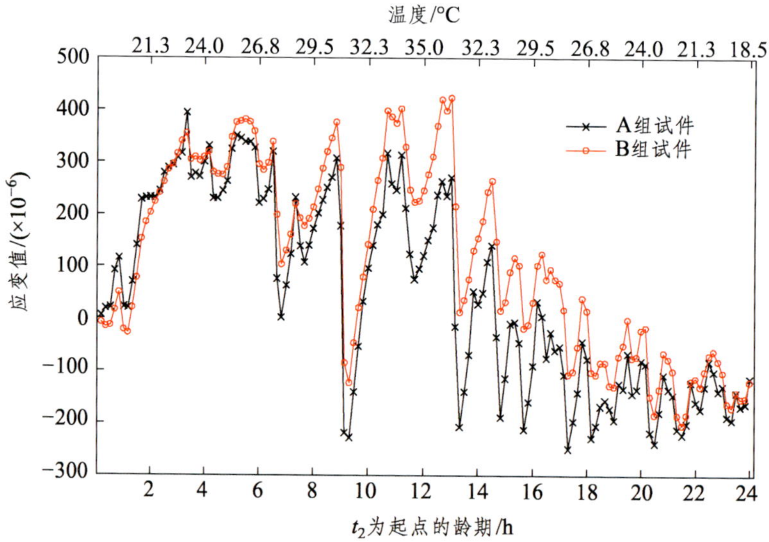

（b）第 2 个 24 h 内

图 2.6 两组试件收缩应变

由图 2.6 可见，第 1 个 24 h 内，试件应变大体上为负值，即为收缩应变。第 2 个 24 h 内，18.5 ~ 35 °C 升温过程中，试件主要为膨胀应变；35 ~ 18.5 °C 降温过程中，逐渐变为收缩应变。

早龄期（前三天）混凝土水化热释放很大，基本与龄期呈线性关系。而随着混凝土不断干燥及水分散失难度增大，混凝土收缩会逐渐减小。因此在第 2 个 24 h 内，收缩减小但水化热释放仍较大，升温过程中出现较大的膨胀应变。

3. 连续变温对收缩影响分析

通过与前人关于恒温恒湿条件下早龄期混凝土收缩应变试验研究的对比，分析日气温连续变化对早龄期混凝土收缩应变的影响。Wischer（1977 年）[48]和 Han（1995 年）[49]曾分别进行了混凝土试件收缩试验研究。表 2.15 为 Wischer 及 Han 的试验相关参数及结果。其中：*w*/*c* 表示水灰比；c 表示每立方米混凝土中水泥质量；C 表示圆柱体，P 表示棱柱体；t_0 表示试验开始时混凝土试件龄期；T 表示试验温度；H 表示试验湿度；t 表示试验过程中的时间。

表 2.15 Wischer 及 Han 试验参数及结果

试验	序号	w/c	c / (kg/m³)	试件尺寸 /mm	t_0/d	T/°C	H/%	应变（1×10^{-6}）		
								$t=0$ h	$t=1$ h	$t=3$ h
Wischer	1	0.48	325	C 150×600	0.83	20	65	0	−25	−42
	2	0.40	400	C 150×600	0.42	20	65	0	−51	−91
Han	1	0.316	475	P 100×400	0.67	20	50	0	−115	−189
	2	0.316	475	P 100×400	0.67	20	50	0	−122	−190
	3	0.316	475	P 100×400	0.67	20	50	0	−92	−153

由表 2.15 可见，Wischer 和 Han 试验与本书试验有一定差异，但是具有很大的对比参考价值。A、B 两组试件收缩应变与恒温恒湿条件下混凝土试件收缩应变对比，见图 2.7 所示。

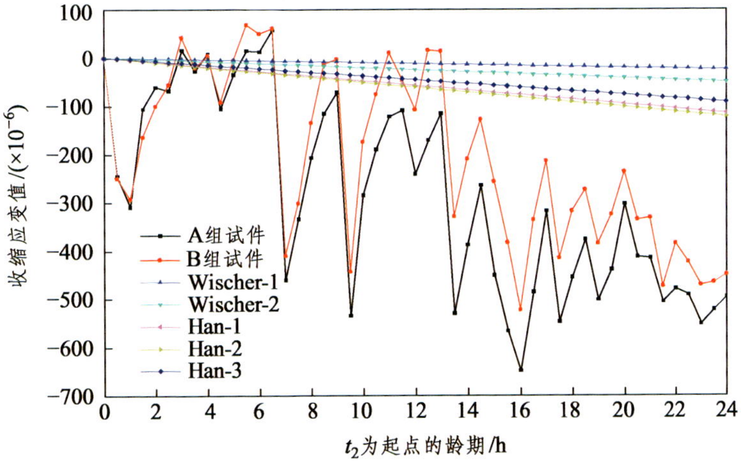

（a）第 1 个 24 h 内

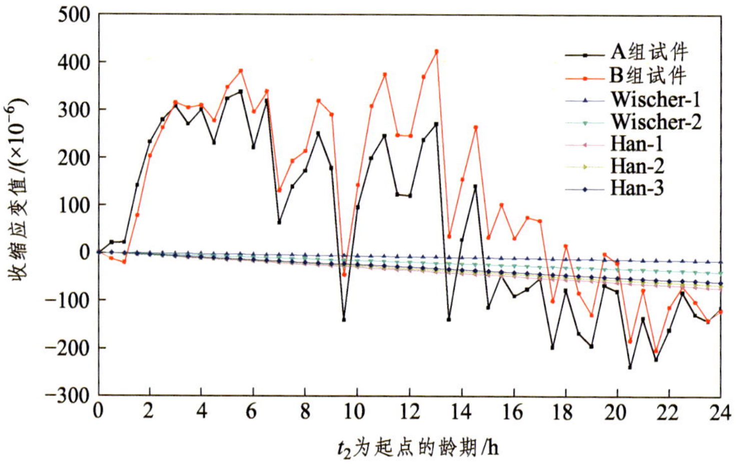

（b）第 2 个 24 h 内

图 2.7 混凝土试件收缩应变对比

由图 2.7 可见，第 1 个 24 h 内，在试验温度影响下，混凝土试件收缩应变基本完全大于恒温恒湿条件下收缩应变值。第 2 个 24 h 内，仅在降温的后半段，试件收缩应变小于恒温恒湿条件下收缩应变，其他时刻基本均大于后者。通过对比可以看出，环境昼夜连续变温对早龄期混凝土收缩应变影响很大。

混凝土中的水和环境空气处于某一平衡状态时，如果周围介质中空气的湿度降低或温度升高，混凝土就会发生水分散失，进而出现干燥收缩。存在于硬化水泥浆体中的水包括毛细孔水、吸附水、层间水和化学结合水。除化学结合水存在于水化反应的水化物晶体中不可散失外，其余 3 种水在环境湿度低于一定值时都可能散失。

表 2.16 为各阶段试件的平均质量。w_0 为试验开始前各组试件质量的平均值；w_1 为 t_1 + 24 h 各组试件质量的平均值；w_2 为 t_2 + 24 h 各组试件质量的平均值。

表 2.16 试件混凝土质量 单位：kg

试件编号	w_0	w_1	$\Delta w_1 = w_1 - w_0$	w_2	$\Delta w_2 = w_2 - w_1$	$\Delta w_1 + \Delta w_2$
A 组	10.338	10.304	0.034	10.289	0.015	0.049
B 组	10.215	10.178	0.037	10.158	0.020	0.057

比较 Δw_1 与 Δw_2 可知，环境昼夜连续变温致使混凝土试件水分散失、质量减小，而且随着龄期增长，试件质量变化率减小。第 1 个 24 h 的混凝土质量变化率大约是第 2 个 24 h 的 2 倍。当混凝土相对湿度较大或湿混凝土开始干燥时，混凝土质量减小由毛细管水散失引起；当混凝土相对湿度较小时，质量减小是由于先后散失了吸附水和层间水。因为毛细管水与固相的联系力很小，吸附水、层间水与水泥石固相之间是物理吸附作用；所以随着混凝土不断干燥及水分散失难度增大，混凝土质量变化率和干燥收缩会逐渐减小。

同时可以看到，由于水灰比相对较小，A 组试件质量变化率小于 B 组试件。这是因为水灰比小的混凝土微观结构密实、毛细孔平均孔径小，不易与环境进行水分交换，水分散失难度较大。

通过上述对室内试验结果与数值计算以及相关文献的综合研究对比分析，可得出以下几点结论：

（1）在 3 d 龄期内，日气温变化影响下，混凝土多次出现量级达 100×10^{-6} 的剧烈收缩。以中国北方 7 月典型日气温（18.5 ~ 35 °C）变化影响为例，剧烈收缩至少出现 4 次，应变差值可达 600×10^{-6} 以上。

（2）随着混凝土龄期增长和水泥水化程度提高，在相同环境温湿度条件下，混凝土收缩应变减小，膨胀应变增大。

（3）在 2 d 龄期内，日气温变化条件下，由于早龄期混凝土自收缩及干燥收缩的巨大影响，混凝土应变基本小于变温弹性应变。而且水灰比越小，收缩应变越大，膨胀应变越小。2 d 龄期之后，日气温升温过程中，混凝土应变基本大于变温弹性应变；降温过程中，混凝土应变基本小于变温弹性应变。

（4）第 2 d 龄期内，受混凝土大量水分散失引起的干燥收缩影响，混凝土应变基本为收缩应变；第 3 d 龄期内，干燥收缩减小而水化热不断增加，环境升温过程中混凝土主要出现膨胀应变，降温过程中逐渐变为收缩应变。

（5）环境昼夜连续变温导致混凝土水分散失，对早龄期混凝土收缩应变影响很大。混凝土收缩应变与恒温恒湿条件下收缩应变相差甚远，且收缩应变变化呈不规则复杂曲线。

CHAPTER 3 超宽斜弯混凝土箱梁早龄期特性

本章开展超宽斜弯混凝土箱梁早龄期现场试验，采集箱梁温度和应变数据，分析早龄期混凝土箱梁的温度场和应变变化规律，开展超宽斜弯混凝土箱梁水化热数值模拟分析。

3.1 混凝土箱梁现场试验

本试验的依托工程为重庆江北国际机场 T3 航站楼 B 匝道第八联高架桥，该桥平面位于 $R = 227.5$ m 的圆曲线上，纵坡为平坡，横桥向设置径向 1.5%的横坡。

3.1.1 测点布置及传感器编号

选取第八联第三施工段（26#墩与 27#墩之间）的跨中附近 2 个截面、27#墩顶截面等 3 个箱梁截面作为测试断面，具体位置如图 3.1 所示。

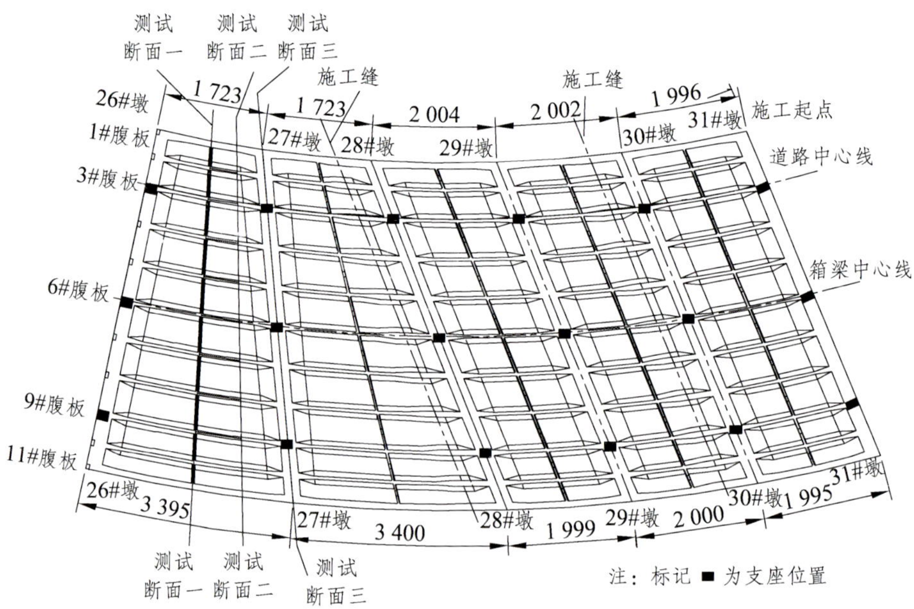

图 3.1 依托工程平面及测试断面（单位：cm）

测试断面测点布设如图 3.2 所示，测试断面一和二，每个断面共 9 个测点；测试断面三，共 11 个测点。每个测点布置的应变计可以同时采集温度和应变等数据。

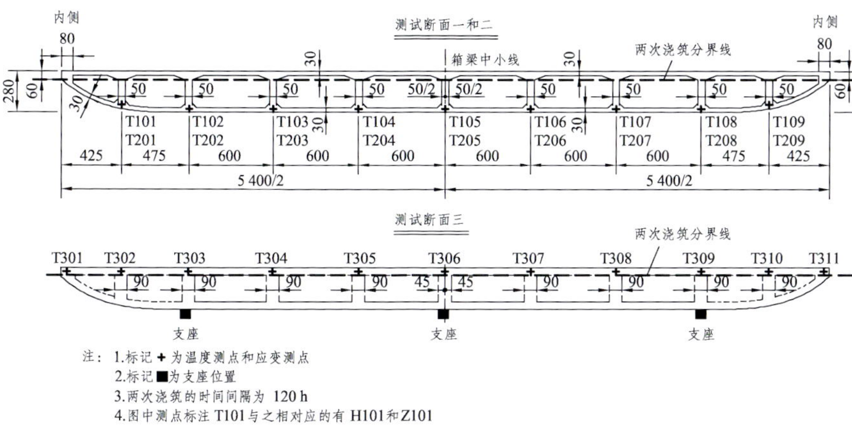

图 3.2 测点布置（单位：cm）

温度测点编号：测试断面一，从曲线内侧到外侧，温度测点编号依次为 T101 ~ T109；测试断面二，从曲线内侧到外侧，温度测点编号依次为 T201 ~ T209，其中 T209 传感器失效；测试断面三，从曲线内侧到外侧，温度测点编号依次为 T301 ~ T311。

应变测点编号：测试断面一，从曲线内侧到外侧，纵桥向应变计编号依次为 Z101 ~ Z109，横桥向应变计编号依次为 H101 ~ H109；测试断面二，从曲线内侧到外侧，纵桥向应变计编号依次为 Z201 ~ Z209，横桥向应变计编号依次为 H201 ~ H209；测试断面三，从曲线内侧到外侧，纵桥向应变计编号依次为 Z301 ~ Z311，横桥向应变计编号依次为 H301 ~ H311。

3.1.2 试验设备

自动化综合测试系统是一种功能强大的分布式全自动静态网络数据采集系统。该系统由上位机、采集模块（MCU）、系统软件及相关配件组成。系统数据传输方式采用手机无线 GPRS。该系统采用全密封设计，防水防潮、防雷击，适应依托工程的自动化工程监测。

智能弦式数码应变计是一种埋入式混凝土应变计，适用于混凝土结构内部的应变测量，适应长期自动化监测。应变计安装采用绑扎方式，即用扎丝将应变计绑扎在钢筋底侧。其应变测量应在混凝土凝固后进行。

3.2 箱梁早龄期温度场试验结果分析

混凝土 7 d 龄期内，箱梁测试断面温度变化曲线如图 3.3 所示。同一个测试断面，各测点早龄期混凝土的温度变化趋势基本相同。由于每克水泥水化反应可以放出 502 J 热量，在绝对条件下，每 45 kg 水泥将产生 5 ~ 8 °C 的温度上升。

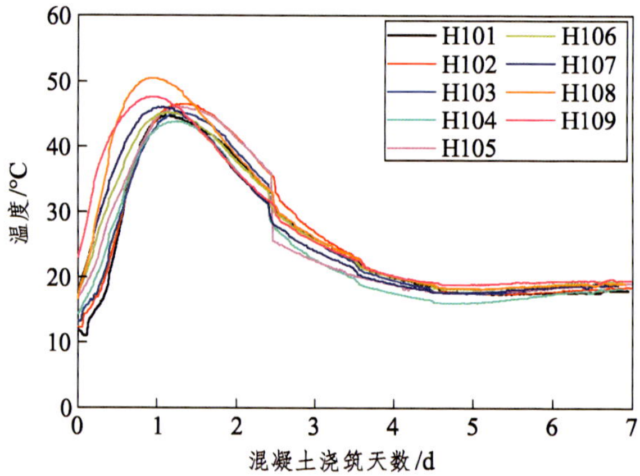

（a）测试断面一

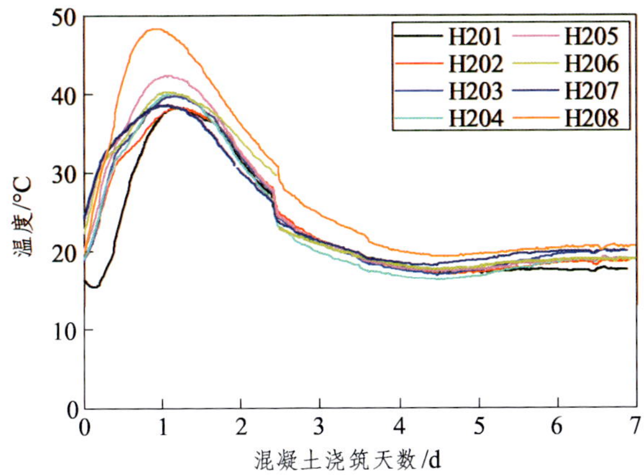

（b）测试断面二

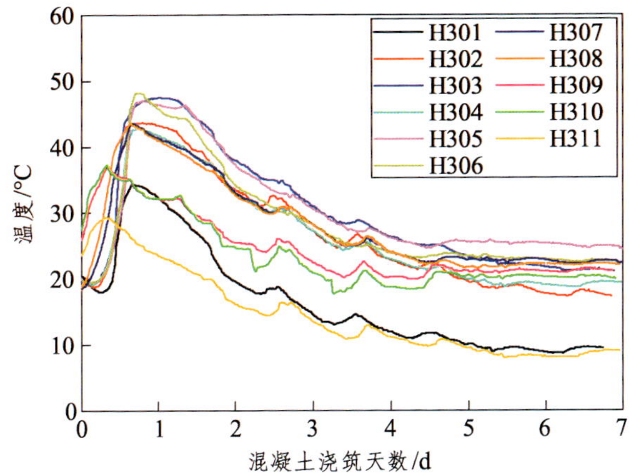

（c）测试断面三

图 3.3 早龄期混凝土箱梁温度实测值变化曲线

混凝土浇筑入模后，由于水泥在早期水化过程中放出大量的热量，断面一（跨中截面）底板混凝土温度快速上升，由图 3.3（a）可知：曲线外侧（靠近航站楼）测点处最高温度为 50.5 °C，而曲线内侧最高温度为 44.7 °C，可能是由于靠近航站楼一侧受到环境因素等外界条件的影响，使得曲线内外侧温度差达到 5 ~ 6 °C，但各测点的温度变化趋势大体相同，在同一时间段内到达最高而后逐渐降至环境温度。

断面二（3/4 截面），由图 3.3（b）可知：温度变化规律与断面一相同，高温区同样存在于曲线外侧，最高温度达到 48.3 °C。其他测点最高温度大都集中在 38 ~ 40 °C，且变化趋势相同，在 1 ~ 2 d 内到达最高温度，随后与环境温度保持一致。

断面三（中横梁截面），由图 3.3（c）可知：曲线内外两侧温度最高温度较低，曲线最外侧测点最高温度甚至仅有 27.3 °C，最内侧仅有 34.3 °C，其他测点最高温度分布在 42 ~ 48 °C。由于断面三各测点位于顶面，受到外界的影响作用较大，导致各测点温度浮动较大，但变化规律大体相同。

3.3 箱梁早龄期应变试验结果分析

3.3.1 测点处横向应变变化规律

混凝土 7 d 龄期内，箱梁测试断面横向应变变化曲线如图 3.4 所示。同一个测试断面，各测点早龄期混凝土的横桥向应变变化规律大体相同。

断面一（跨中截面），试验中测点布置在箱梁板底与横隔板连接处，由图 3.4（a）可知：在混凝土浇筑完成后 5 ~ 6 h 内，箱梁底板处混凝土出现较小的压应变且基本保持不变；随后可能由于外部因素，压应变骤然变为拉应变，在曲线内部区域内最大拉应变约为 162.9 με；而后 1 ~ 2 d 内，曲线外侧区域内测点混凝土应变又逐渐转变为压应变，最大值达到 53.9 με，其他测点混凝土拉应变呈减小趋势，但始终为拉应变。

断面二（3/4 截面），测点布置在箱梁底板处，由图 3.4（b）可知：其横桥向应变变化规律和断面一大体上相同，曲线内外两侧测点压应变变化较大，中部区域各测点拉应变变化较小。

断面三（中横梁截面），测点布置在中横梁顶部区域，由图 3.4（c）可知：在混凝土浇筑完成后的半天时间内，箱梁顶面混凝土压应变逐渐增大，由于受到外界影响较大，随后几天内压应变逐渐减小，最后趋于平稳。

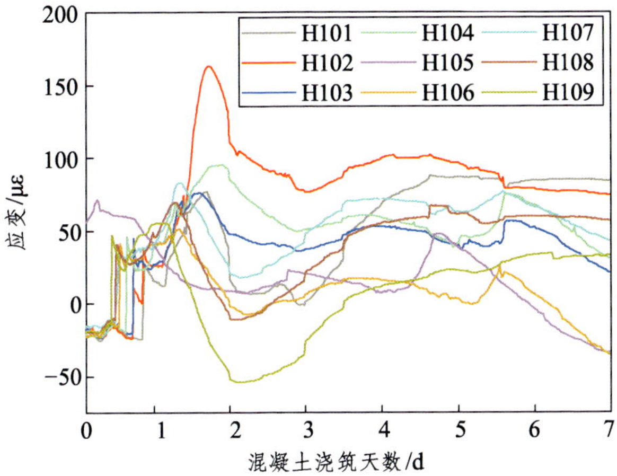

（a）测试断面一

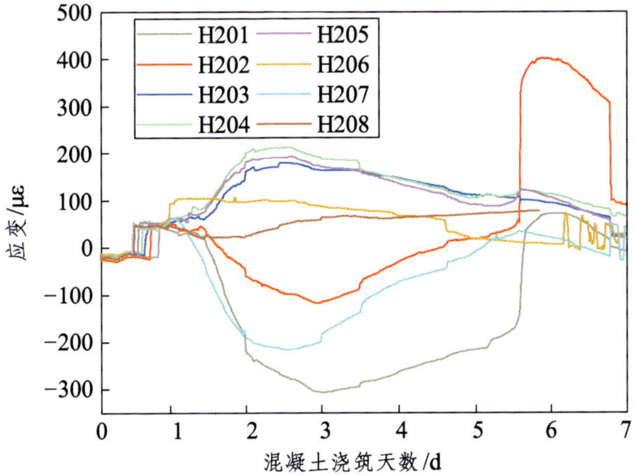

（b）测试断面二

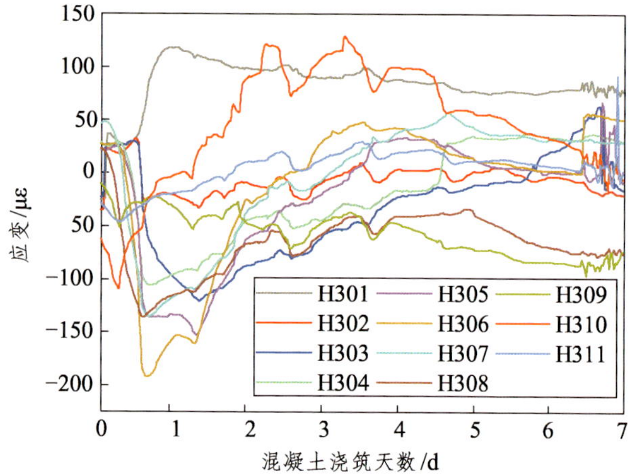

（c）测试断面三

图 3.4　早龄期混凝土箱梁横向应变变化曲线

3.3.2　测点处纵向应变变化规律

混凝土 7 d 龄期内，箱梁测试断面纵向应变变化曲线如图 3.5 所示。同一个测试断面，各测点早龄期混凝土的纵桥向应变的变化规律大体相同。

断面一（跨中截面），由图 3.5（a）可知：在混凝土浇筑后一段时间内，各测点处混凝土出现较小的拉应变，随后逐渐转为压应变。混凝土压应变随着养护时间的增加而逐渐增大，约 48 h 后最大压应变出现在曲线内外两侧，峰值达到 288.3 με，纵向支座中心线上和附近压应变值相对较小；而后各测点混凝土压应变逐渐减小，但纵向支座中心线上和附近处测点混凝土压应变逐渐转为拉应变，最后各测点的应变值趋于稳定。

断面二（3/4 截面），由图 3.5（b）可知：混凝土应变规律与断面一大体相同；不同之处在于在 1/4 截面处，位于曲线内外两侧的混凝土应变变化幅值很小，且基本表现为拉应变。

断面三（中横梁截面），测点布置在中横梁顶部区域，受外界影响较大，因此，各测点处混凝土应变变化较大。由图 3.5（c）可知：在混凝土浇筑完成后一天内，箱梁顶部混凝土出现压应变且逐渐减小，而后曲线内侧区域内各测点混凝土应变逐渐转换为拉应变，且截面中间部位拉应变最大，峰值约为 186 με。

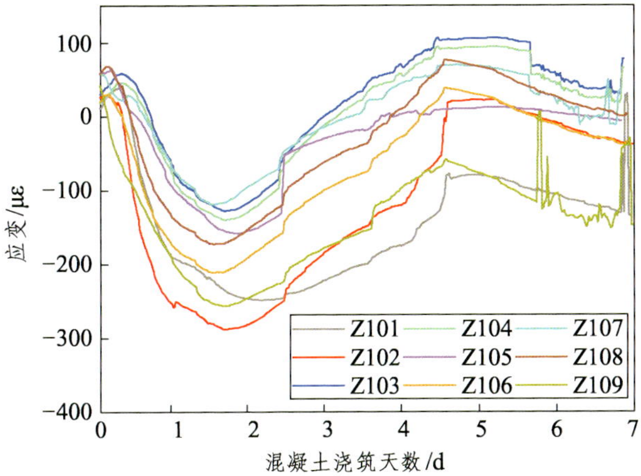

（a）测试断面一

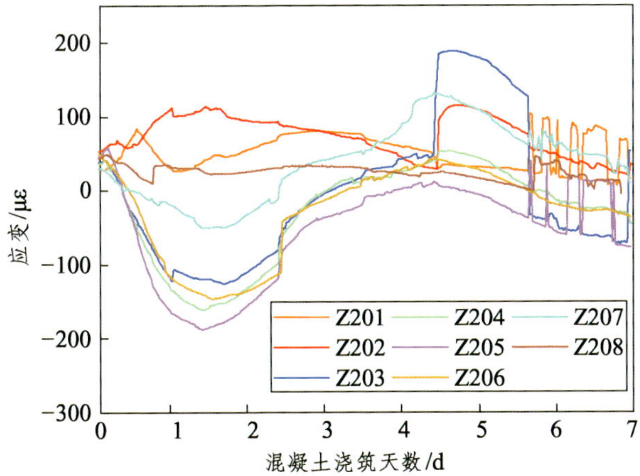

（b）测试断面二

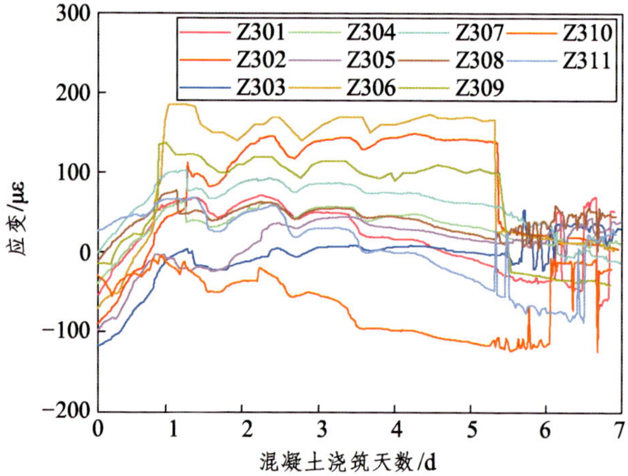

（c）测试断面三

图 3.5　早龄期混凝土箱梁纵向应变变化曲线

3.4　箱梁早龄期水化热数值模型分析

3.4.1　水化热分析理论和方法

1. 热传导方程

对于均匀各向同性的固体，从其中取出一个无限小微元体，由微元体的热量平衡可以得到热传导平衡微分方程，经过对微分方程的转化和简化，可以得到混凝土在绝热条件下的一般热传导方程[50]：

$$\frac{\partial T}{\partial \tau}=\alpha\left(\frac{\partial^2 T}{\partial x^2}+\frac{\partial^2 T}{\partial y^2}+\frac{\partial^2 T}{\partial z^2}\right)+\frac{\partial \theta}{\partial \tau}$$

式中　α——混凝土导温系数，表达式为 $\alpha=\lambda/c\rho$，其中 λ 为混凝土的导热系数，c 为混凝土的比热容，ρ 为混凝土的密度；

θ——混凝土的绝热温升，°C；

T——混凝土的温度，°C；

τ——时间，s；

$\dfrac{\partial\theta}{\partial\tau}$——水化热的时间变化率；

$\dfrac{\partial T}{\partial\tau}$——混凝土温度的变化率。

2. 初始条件与边界条件

热传导方程构建了混凝土温度、空间与时间之间的关系，但该方程的数值解众多。因此，需要根据实际工况建立初始条件和边界条件。在通常情况下，混凝土温度在初始瞬时可以当作常数，即当 $\tau=0$ 时 $T(x,y,z,o)=T_0=$ 常数。初始温度一般取浇筑时混凝土的温度。边界条件分为以下四种[51]：

（1）第一类边界条件。

混凝土的表面温度 T 是时间 τ 的已知函数，如与水接触时，混凝土表面的温度就是水的温度，即

$$T(\tau)=f(\tau)$$

（2）第二类边界条件。

混凝土表面的热流量为时间 τ 的已知函数，其表达式为

$$-\lambda\frac{\partial T}{\partial n}=f(\tau)$$

式中　n——混凝土的表面外法线方向。

（3）第三类边界条件。

当与混凝土接触的介质为空气时，假设通过混凝土表面的热流量与混凝土表面温度 T 和介质温度（气温）T_a 之差成正比，即

$$-\lambda\frac{\partial T}{\partial n}=\beta(T-T_a)$$

式中　β——混凝土表面的总放热系数。

（4）第四类边界条件。

当两种不同的固体表面接触良好时，其接触面的温度和热流量均连续，边界条件为

$$T_1 = T_2$$
$$\lambda_1 \frac{\partial T_1}{\partial n} = \lambda_2 \frac{\partial T_2}{\partial n}$$

若两种固体接触不良时，此时温度则变成不连续的 $T_1 \neq T_2$，这时就需要引入热阻的概念。假设忽略接触缝隙中的热容量，则接触面热流量应保持平衡，边界条件为

$$-\lambda \frac{\partial T_1}{\partial n} = \frac{1}{R_c}(T_2 - T_1)$$
$$\lambda_1 \frac{\partial T_1}{\partial n} = \lambda_2 \frac{\partial T_2}{\partial n}$$

式中　R_c——热阻，经由实验确定。

3. 水泥水化热[50]

水泥的水化热随时间不断变化，水泥的矿物成分、介质温度和龄期对其有重大影响。常用的水化热表达式的指数形式为

$$Q(t) = Q_0(1 - \mathrm{e}^{-mt})$$

式中　t——龄期，d；

$Q(t)$——在龄期 t 时的累计水化热，kJ/kg；

Q_0——$t \to \infty$ 时的最终水化热，kJ/kg；

m——常数，随水泥品种、比表面积及浇筑温度不同而不同。

在有限元软件 Midas/FEA 中采用混凝土绝热温升 $T(t)$ 分析水化热，其计算公式为

$$T(t)=\frac{Q(t)(W+kF)}{c\rho}$$

式中 W——每 $1\,\text{m}^3$ 混凝土的水泥用量，kg/m^3；

k——折减系数，对于粉煤灰一般取 $k=0.25$；

F——每 $1\,\text{m}^3$ 混凝土混合材料用量，kg/m^3；

ρ——混凝土密度，kg/m^3；

c——混凝土比热容，$\text{kJ/(kg}\cdot{}^\circ\text{C)}$。

3.4.2 数值模型建立

本章采用有限元软件 Midas/FEA 对超宽斜弯混凝土连续箱梁进行建模计算。综合考虑材料实际特性、浇筑温度、水化热生成率、边界条件等因素，对早龄期混凝土箱梁内部水化热进行数值模拟分析。选取图 3.1 中 26 号桥墩到 28 号桥墩之间的箱梁进行实体建模。模型中未考虑箱梁内部钢材的影响。超宽斜弯混凝土连续箱梁有限元模型如图 3.6 所示。

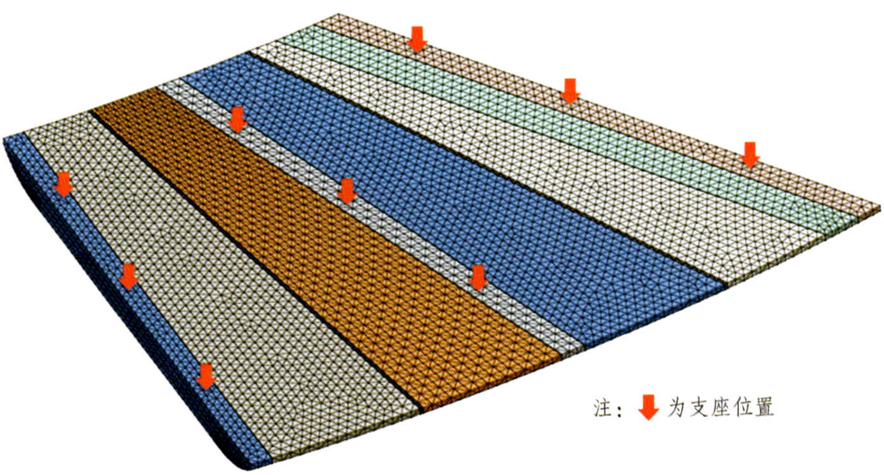

图 3.6 超宽斜弯混凝土连续箱梁有限元模型

（1）混凝土参数。

混凝土参数包括导热系数 λ、比热容 c、混凝土密度 ρ。力学参数：泊松比 μ、弹性模量 E。特殊参数：混凝土组分影响修正系数 γ、常数 m。具体取值见表 3.1。

表 3.1 混凝土参数

导热系数/[kJ/(h·m·°C)]	比热容/[kJ/(kg·°C)]	密度/（kg/m³）	泊松比	弹性模量/MPa	修正系数	常数
10.6	1	2 500	0.18	1.9×10^4	0.18	0.313

（2）定义环境温度。

将初始时箱梁各测点温度的平均值作为初始温度，根据采集的实测数据，定义的环境温度约为 9 °C。

（3）定义热源函数。

C50 混凝土水泥含量 465 kg/m³，粉煤灰含量 60 kg/m³，普通硅酸盐水泥 42.5 强度等级最终水化热 375 kJ/kg。所以混凝土的累计水化热为

$$Q(t)=\frac{375}{0.96\times2\,500}(465+0.25\times60)=75\ (\text{°C})$$

（4）定义对流系数。

混凝土表面设有保温层时，等效放热系数 β_{eq} 的计算公式为

$$\beta_{eq}=\frac{1}{\sum\frac{h_i}{\lambda_i}+\frac{1}{\beta}}$$

式中 h_i——第 i 层保温材料的厚度，m；

λ_i——第 i 层保温材料的导热系数，kJ/(m·h·°C)；

β——最外层保温材料与空气接触的放热系数，kJ/(m²·h·°C)。

3.4.3 温度场结果分析

1. 模型验证

为验证数值模型的正确性，将现场试验数据和数值模型计算结果进行对比分析。由图 3.7 可见，断面一、二实测的温度变化趋势与温度场数值模拟结果虽有差异但基本吻合，而断面三测点布置在箱梁顶板处，受到外界的影响较大，曲线内外侧温度实测值与计算值差异较大，但总体变化规律基本相同。因此，数值模型可用。

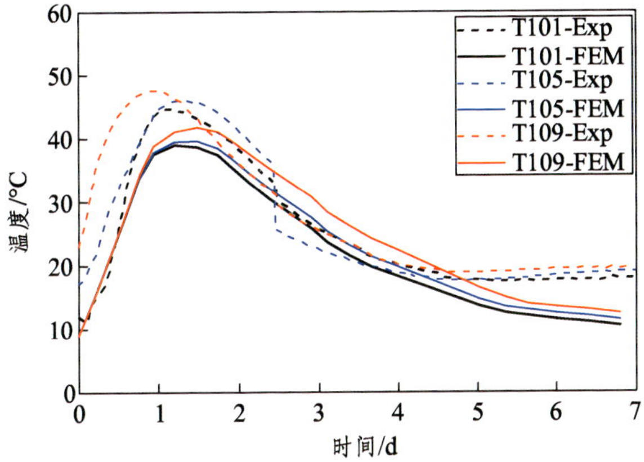

（a）测试断面一

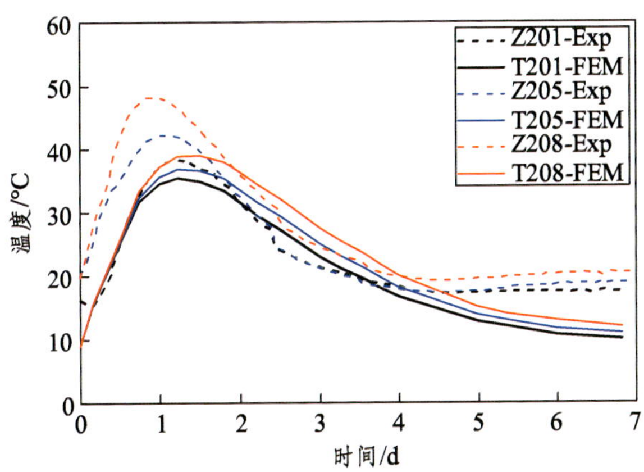

（b）测试断面二

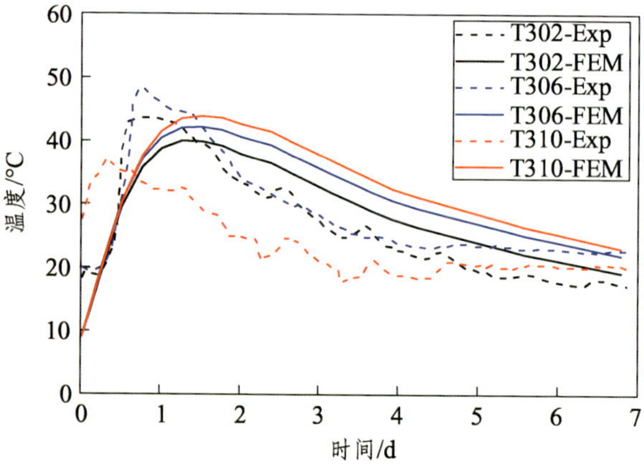

（c）测试断面三

图 3.7　早龄期混凝土箱梁温度实测值与计算值对比

2. 整体分析

箱梁混凝土采用分层浇筑，即第一次对箱梁的底板、腹板、横隔板和横梁进行浇筑，第二次对箱梁剩下部分（主要是顶板）进行浇筑，时间间隔约为 120 h。

（1）第一次混凝土浇筑。

第一次混凝土浇筑后 12 h、24 h、36 h、48 h 时，箱梁温度场云图如图 3.8 所示。

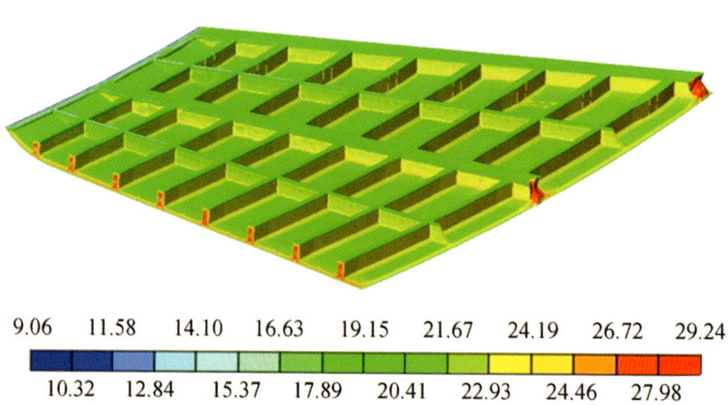

（a）浇筑后 12 h

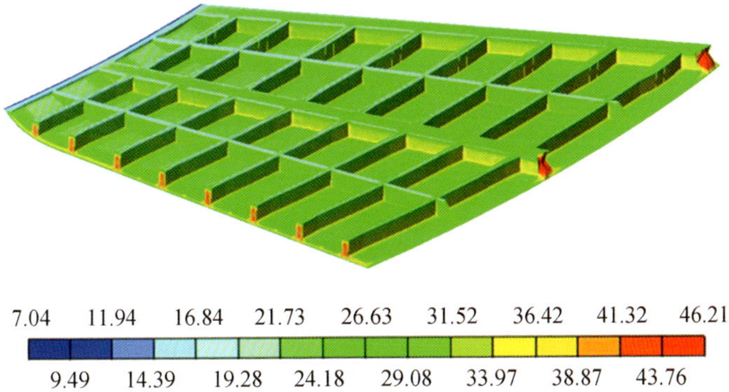

（b）浇筑后 24 h

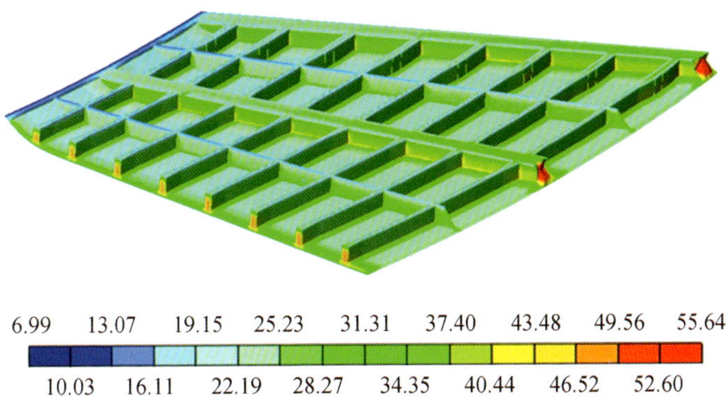

（c）浇筑后 36 h

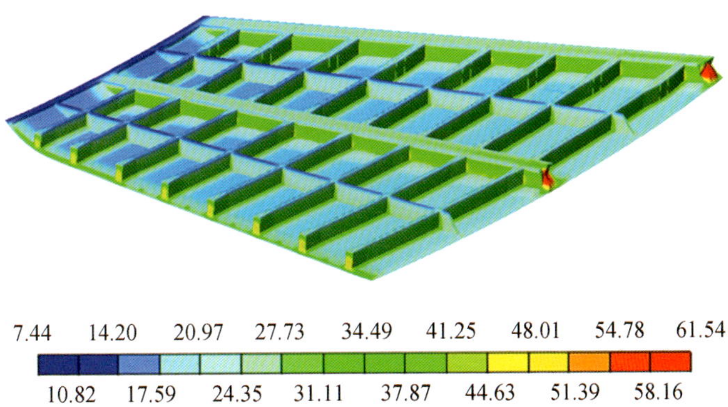

（d）浇筑后 48 h

图 3.8 第一次浇筑后箱梁温度场云图

由图 3.8 可见，箱梁腹板处内部混凝土温度快速上升，在混凝土入模 30 h 后达到最高温度 40.8 °C。最高温度区域主要分布在腹板下部倒角处，而上半部分温度下降较快。随后几天内由于水化热作用强度的减小，内部温度逐渐下降。

箱梁底板横向（箱室中间部位）温度在混凝土入模 22 h 后，达到最高温度 28.4 °C，由于箱梁底板外侧采用模板进行支护，而底板内侧采用一般混凝土养护方法，导致底板内外侧热交换系数不同，使得底板内侧温度略高于外侧，且受外部环境因素的影响，温度的流失速度在曲线箱梁内侧和外侧底板处明显高于中间部位，混凝土产生的温度裂缝可能较多，应多加注意。

箱梁底板纵向（箱室中间部位）温度变化规律和底板横向温度变化规律大体相同。不同之处在于，两侧底板与横梁连接处倒角因厚度大于底板，最高温度达到 45.3 °C，高于底板中间部位最高温度约 17 °C，且与横隔板连接处温度同样高于底板中间部位最高温度约 5 ~ 6 °C。

箱梁横梁处混凝土体积较大，水化热作用较为强烈，与其他部位相比达到其最高温度 64.2 °C 时用时较长，最高温度区域偏向于横梁底部，且高温区在曲线内侧至外侧逐渐由窄变宽。

箱梁横隔板高温区沿竖向分布，位于其中间部位，且靠近底板。横隔板与腹板连接处温度明显高于其他部位，横隔板、底板和腹板三者交汇处，最高温度可达 45.3 °C。

（2）第二次混凝土浇筑。

第二次浇筑后，为了更好地分析箱梁横梁温度变化规律，取出 12 h、24 h、48 h、96 h、168 h 5 个不同时刻箱梁横梁的温度分布云图，如图 3.9 所示。

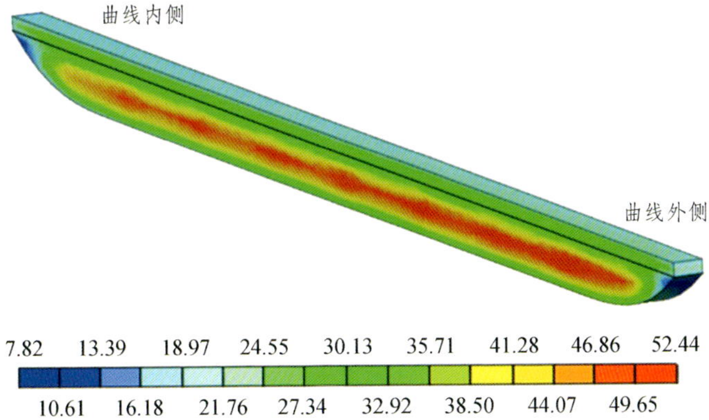

（a）浇筑后 12 h

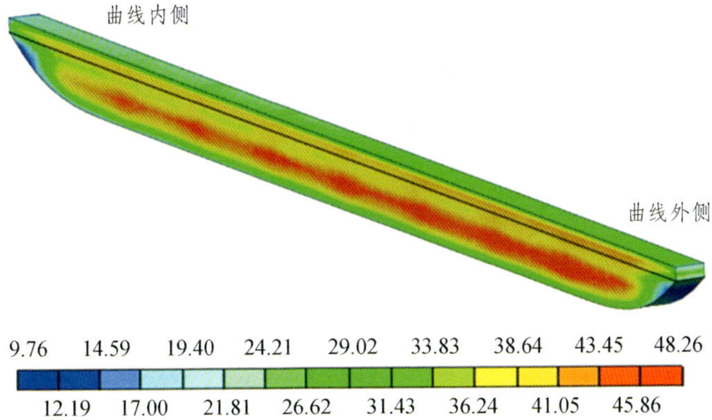

（b）浇筑后 24 h

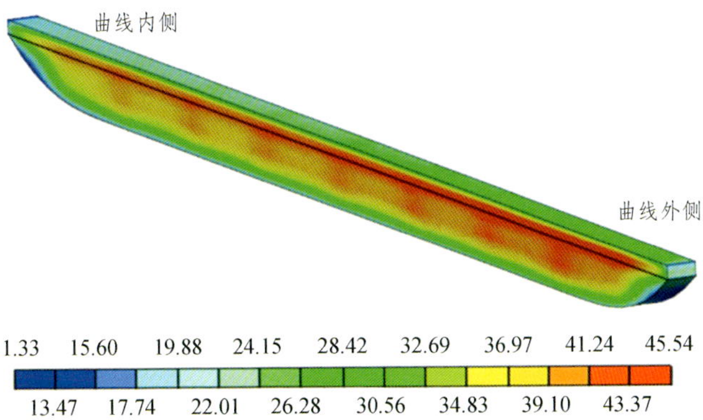

（c）浇筑后 48 h

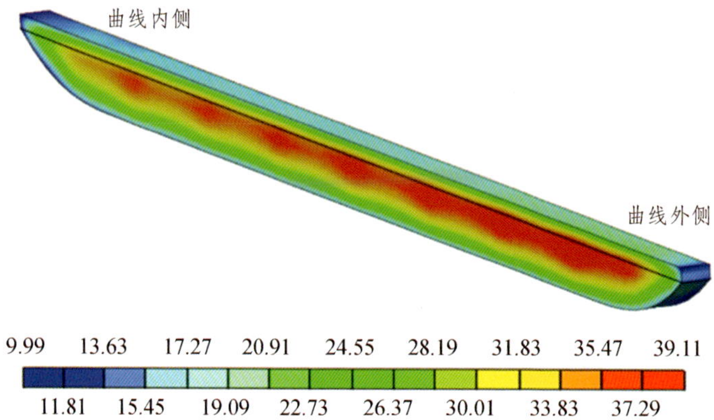

（d）浇筑后 96 h

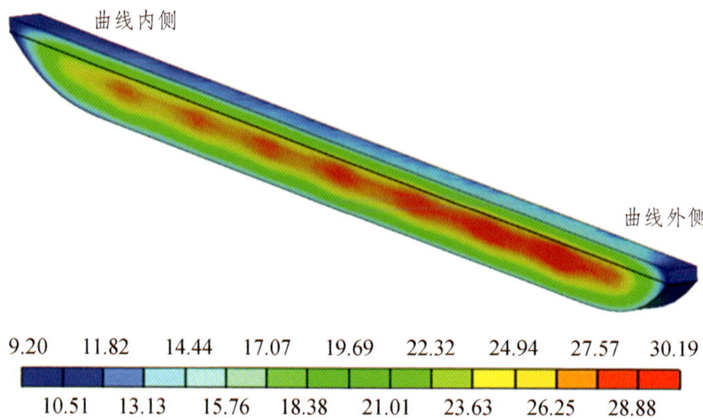

（e）浇筑后 168 h

图 3.9　第二次浇筑后箱梁横梁温度分布云图

根据数值模型分析可得，箱梁横梁在第一次浇筑完成后 50 ~ 60 h 内达到最高温度 64.2 °C。横梁在第一次浇筑完成后，混凝土上表面无任何养护措施，使得上表面热交换系数高于其他表面，因此上表面区域温度下降速率较大，但横梁整体的横向温度分布规律大体相同。

第二次浇筑完成后，横梁高温区域主要分为两个部分，分别为两次浇筑的混凝土中心部位。两个高温区域在随着时间的推移逐渐合并，停留在横梁中上部分。在与腹板的交接处，高温区明显不同于其他部分，有一定的扩大范围，但随着混凝土水化作用的减弱，温度逐渐下降，高温区缓慢向横梁下部移动，最后逐渐和环境温度相一致。

第二次浇筑后，为了更好地分析箱梁竖向温度变化规律，取出 24 h、48 h、72 h、168 h 4 个时刻箱梁 3/4 跨模型顶板、腹板和底板的温度分布云图，如图 3.10 所示。

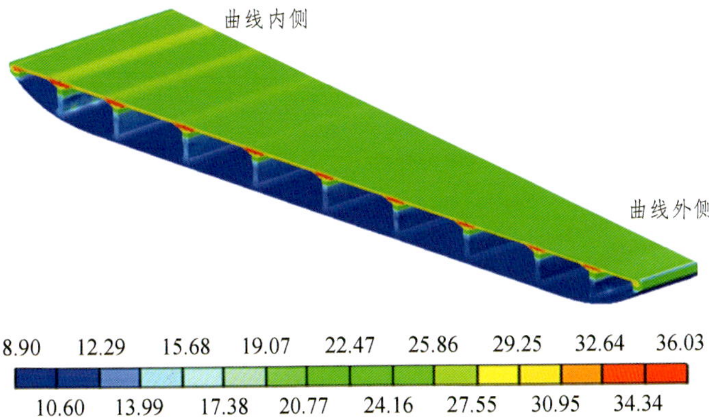

（a）浇筑后 24 h

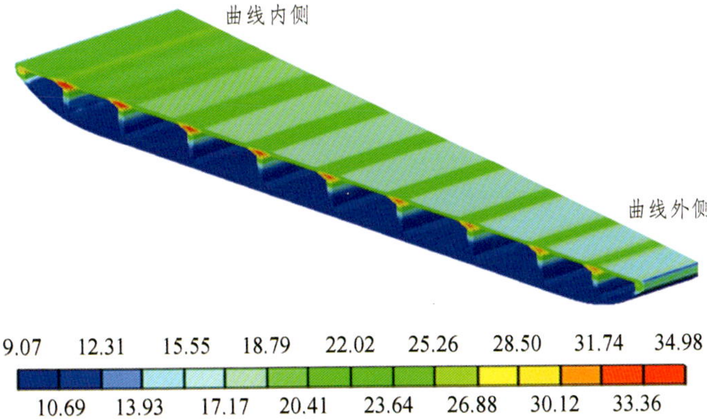

（b）浇筑后 48 h

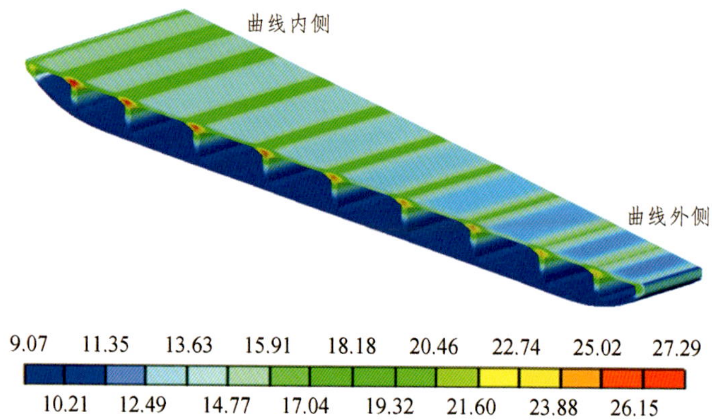

（c）浇筑后 72 h

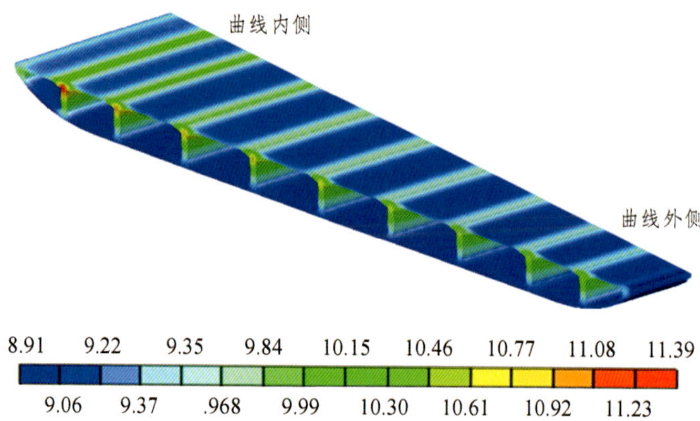

（d）浇筑后 168 h

图 3.10　第二次浇筑后箱梁横向温度分布云图

第二次主要对箱梁顶板进行浇筑，箱室顶板中部混凝土温度在第二次浇筑完成后 24 h 内达到最高温度 29.8 °C，箱梁内部几乎变成密闭空间，使得箱内的空气温度高于外部空气温度，此时箱梁内部表面的对流系数发生相应的改变，致使在与腹板连接处的局部高温区域逐渐向腹板上部区域移动，随着时间的推移，箱梁顶板处混凝土的温度逐渐降至和环境温度相一致。

考虑箱梁所处环境等因素的影响，对模型添加边界条件时，使用内插法在箱梁 10 个不同箱室（曲线内侧至外侧）依次施加不同的对流系数。因此，曲线内外两侧的温度场有所区别，可以明显地看出曲线内外两侧的高温区有所不同，具体表现如下：曲线内外两侧箱梁顶板区域最高温度差值约为 3.5 °C，箱梁底板区域最高温度差值约为 3.1 °C，箱梁腹板区域最高温度差值约为 3.2 °C，箱梁横梁区域最高温度差值约为 2.2 °C。

CHAPTER 4 装配式预制混凝土箱梁早龄期特性

4.1 混凝土箱梁现场试验

4.1.1 依托工程概况

本试验的依托工程柳条河大桥位于甘肃省古浪县，属于高原寒冷气候带，设计方案为等高度且左右分幅独立的装配式预应力混凝土连续箱梁桥，跨径为 30 m，右幅 16 跨，左幅 14 跨。下部结构采用柱式墩台和钻孔灌注桩基础。全桥上部结构采用先简支后连续的施工方法。依托工程预制梁场如图 4.1 所示。

图 4.1 依托工程预制梁场

试验箱梁混凝土强度等级为 C50，水泥采用 P·O 52.5 普通硅酸盐水泥，细集料采用中砂，粗集料采用石灰岩碎石，减水剂采用 UNF-2C 缓凝高效减水剂。箱梁混凝土配合比见表 4.1。

表 4.1 箱梁混凝土配合比

水灰比	集料水泥比	材料用量/（kg/m^3）				砂率	减水剂/（kg/m^3）
		水泥	水	细集料	粗集料		
0.32	3.75	486	153.4	606.9	1 216.7	0.33	5.589

4.1.2 试验箱梁测点布置

选择一片边梁作为试验箱梁，试验观测断面共两个，分别为距跨中 1 m 处断面（以下简称跨中断面）和距梁端 1 m 处断面（以下简称梁端断面）。试验箱梁观测断面测点布置如图 4.2 所示，图中括号内测点编号适用于梁端断面。

采用非接触红外测温仪观测混凝土箱梁外表面温度，测点编号分别为 1-1 ~ 1-11 和 4-1 ~ 4-11。在浇筑混凝土之前，已预埋温度传感器和混凝土应变计。温度传感器编号分别为 2-1 ~ 2-7 和 5-1 ~ 5-4。混凝土应变计编号分别为 3-1 ~ 3-2 和 6-1 ~ 6-2。悬臂板一侧的腹板为外腹板，反之为内腹板。

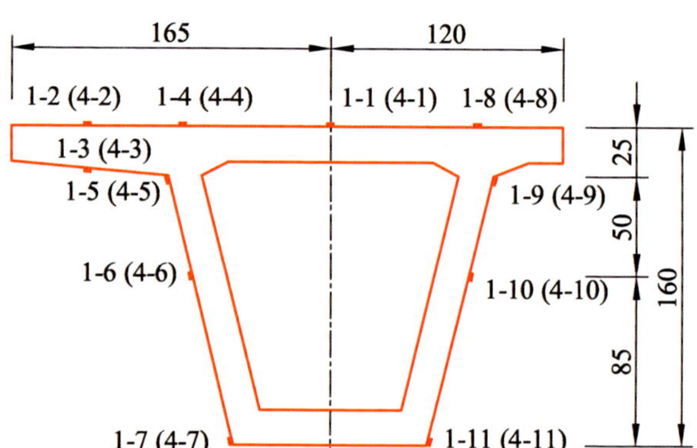

（a）非接触红外温度测点

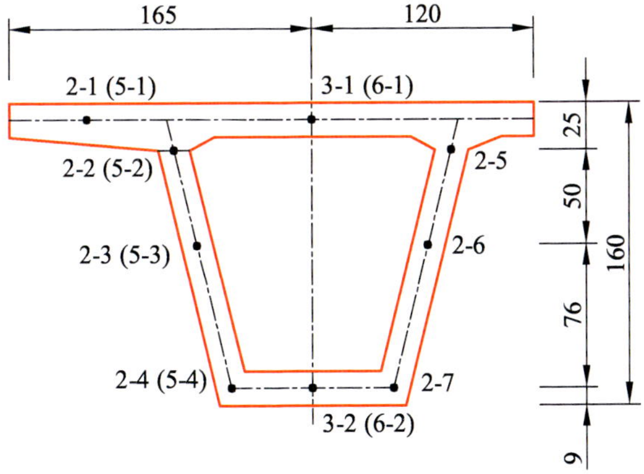

（b）预埋温度与应变计测点

图 4.2 试验箱梁观测断面测点布置（单位：cm）

4.1.3 仪器设备及数据采集

混凝土应变计采用振弦式应变计，测量量程：±1 500 με。箱梁混凝土表面测点采用非接触红外测温仪，测温范围：－32～550 °C；显示精度：±1.8 °C 或±1.8%。温度传感器采用热电偶温度计，测温范围：－50～400 °C；测温精度：0.75%±2.5 °C。测试仪器采用 TES-1310 数字式温度表，解析度为 0.1 °C，测温范围：－50～199.9 °C，测温精度：±（0.3%+1 °C）。

10 月 30 日 16:50 开始在依托工程预制梁场台座上浇筑试验混凝土箱梁，采用钢模板，入模混凝土平均温度 15.5 °C。箱梁浇筑后进行潮湿养护。混凝土浇筑后开始测量箱梁顶板、底板和腹板的内部温度及应变数据，箱梁表面温度数据在拆模后（即 10 月 31 日 9:20）开始采集，至 10 月 31 日 22:00 第一时段数据采集结束。11 月 2 日 8:00—20:00 进行第二时段数据采集；11 月 4 日 8:00—19:00 进行第三时段数据采集。

4.2 箱梁早龄期温度场试验结果分析

现对三个时段采集的试验箱梁跨中断面与梁端断面各部位混凝土内部及表面温度进行分析，研究混凝土箱梁水化热温度场的时变特性。

1. 第一时段

在试验箱梁混凝土浇筑之后，开始采集两个观测断面各部位混凝土的内部温度及应变数据；在拆除模板之后，开始采集箱梁混凝土的表面温度数据。受施工影响部分测点无温度实测数据。

跨中断面及梁端断面混凝土内部实测温度与环境温度对比如图 4.3 所示。箱梁混凝土内部温度变化规律大体呈现正余弦曲线。由于混凝土水化反应放热，箱梁各部位内部温度均高于环境温度。梁端断面顶板温度变化幅值大于跨中断面，各断面腹板温度变化均伴随着多次振荡。由于跨中断面底板较少受到环境影响，其底板温度高于梁端断面。跨中和梁端断面同一位置处温度变化曲线较为相近，因此近似考虑时，可认为沿梁长方向温度是一致的。

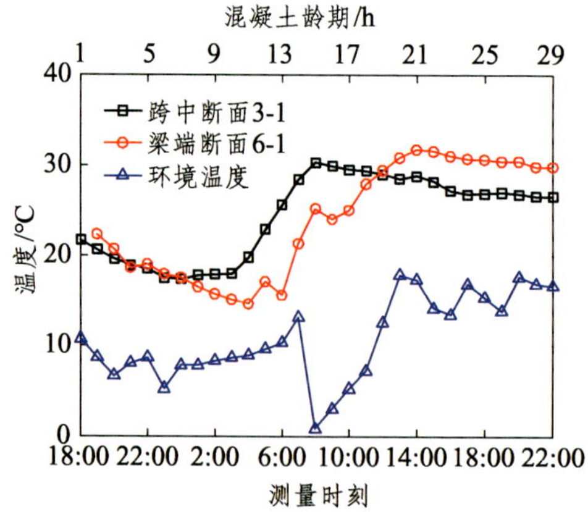

（a）顶板混凝土内部

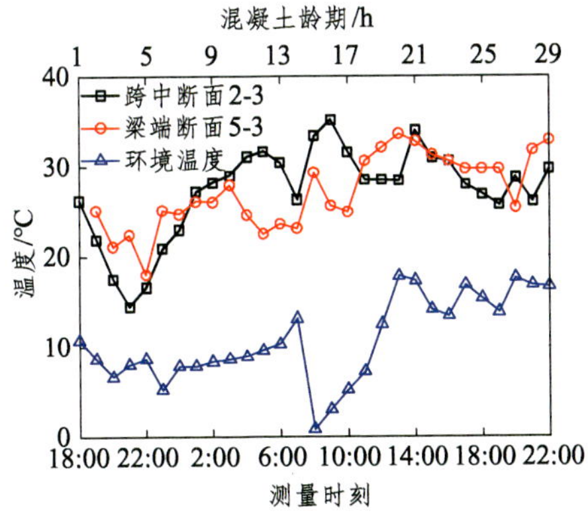

（b）外腹板混凝土内部

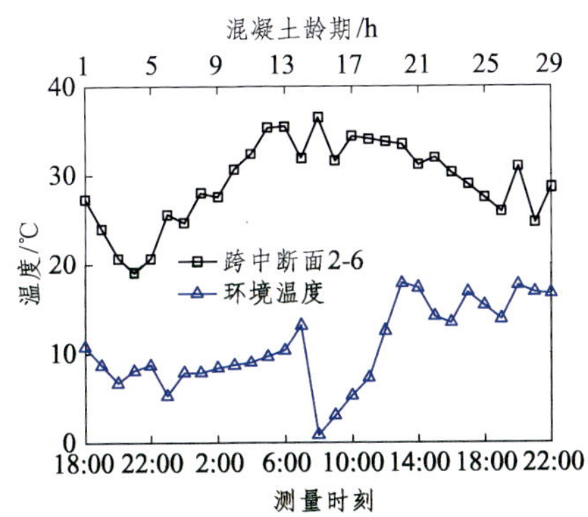

（c）内腹板混凝土内部

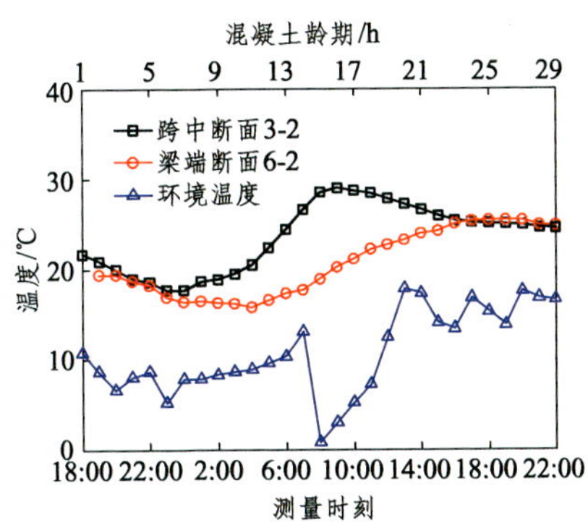

（d）底板混凝土内部

图 4.3 观测断面混凝土内部温度与环境温度对比

箱梁跨中和梁端断面外腹板混凝土内部平均温度、表面平均温度及周围环境温度对比，如图 4.4 所示。拆除模板之后，外腹板混凝土内部温度大体高于表面温度，内部和表面温度均高于环境温度。跨中断面外腹板内外温差小于梁端断面，这是因为梁端断面腹板厚度大于跨中断面。

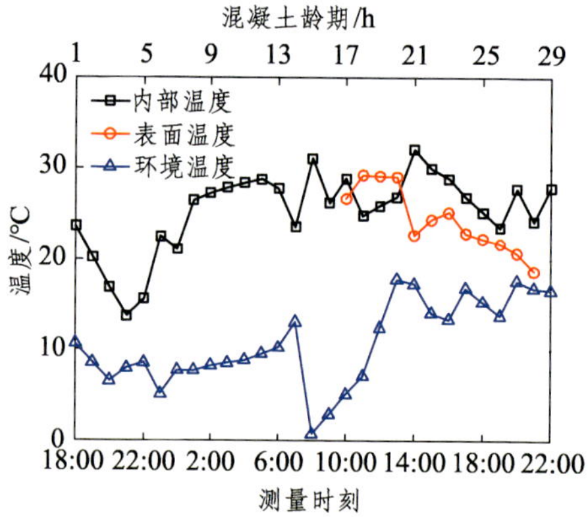

（a）跨中断面外腹板

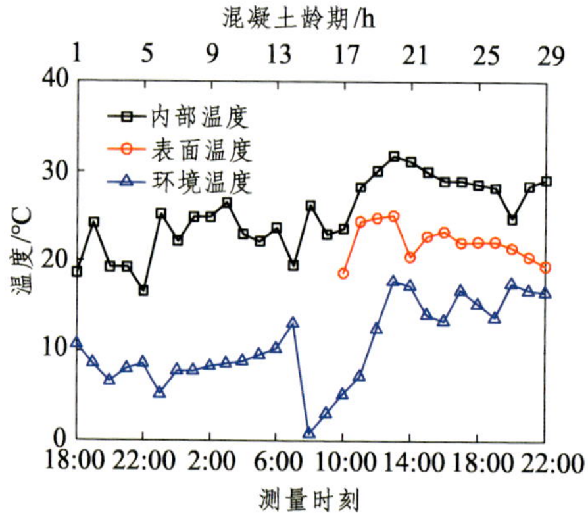

（b）梁端断面外腹板

图 4.4 观测断面外腹板混凝土内外温度与环境温度对比

混凝土箱梁观测断面顶板与底板混凝土内部温度对比如图 4.5 所示。箱梁顶板与底板混凝土内部温度变化规律大体一致，且跨中断面顶板与底板温差小于梁端断面，说明后者更易受到环境因素影响。

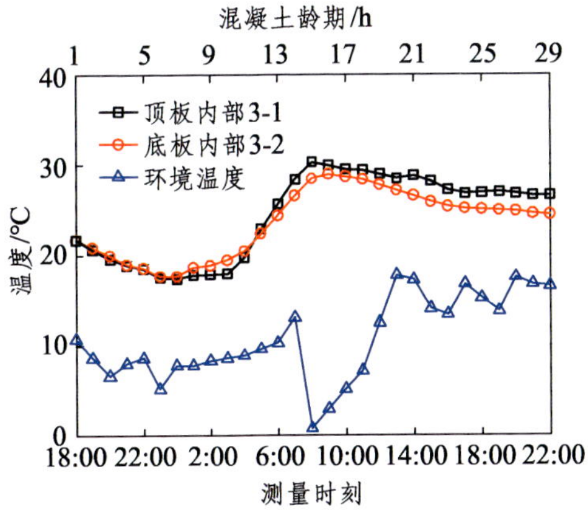

（a）跨中断面

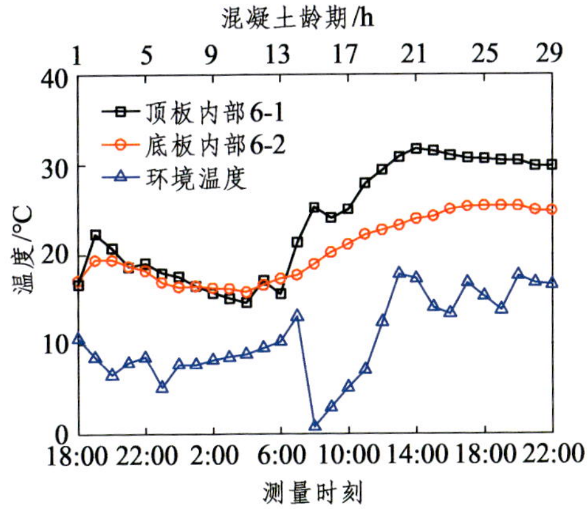

（b）梁端断面

图 4.5　观测断面顶板与底板混凝土内部温度对比

2. 第二时段

图 4.6 是跨中断面及梁端断面的混凝土内部实测温度与环境温度。不同断面相同部位温度变化规律基本相同。跨中与梁端断面的顶板温度差值较小，外腹板和底板的温度差值较大。受水化热和环境因素影响，顶板、底板温度变化较为缓和，而内、外腹板温度变化较为剧烈。

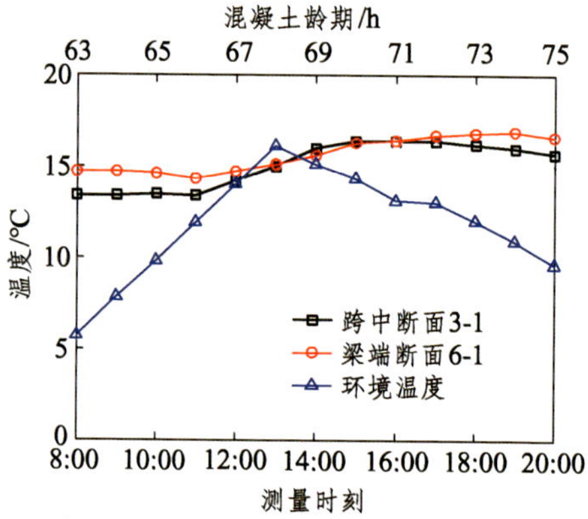

（a）顶板混凝土内部

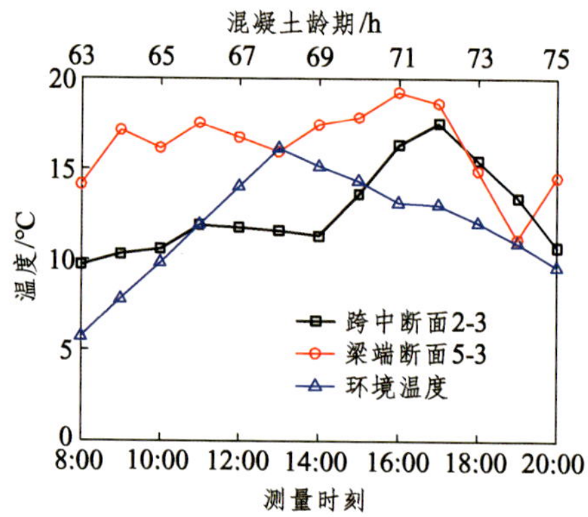

（b）外腹板混凝土内部

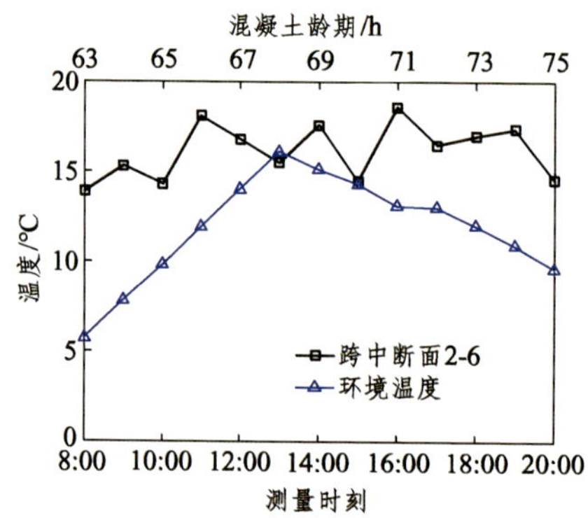

（c）内腹板混凝土内部

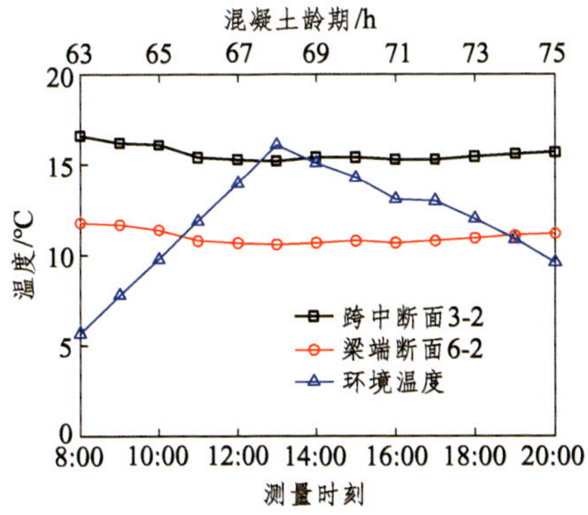

（d）底板混凝土内部

图 4.6　观测断面混凝土内部温度与环境温度对比

箱梁跨中和梁端断面外腹板混凝土内部平均温度、表面平均温度及周围环境大气温度对比如图 4.7 所示。箱梁外腹板表面温度与环境温度变化规律基本一致但低于后者。腹板内部温度大体上高于表面及环境温度。梁端断面外腹板内外温差基本大于跨中断面。

混凝土箱梁观测断面顶板与底板混凝土内部温度对比，如图 4.8 所示。跨中断面顶板与底板内部温差很小，梁端断面底板混凝土内部温度低于顶板且温差较大。

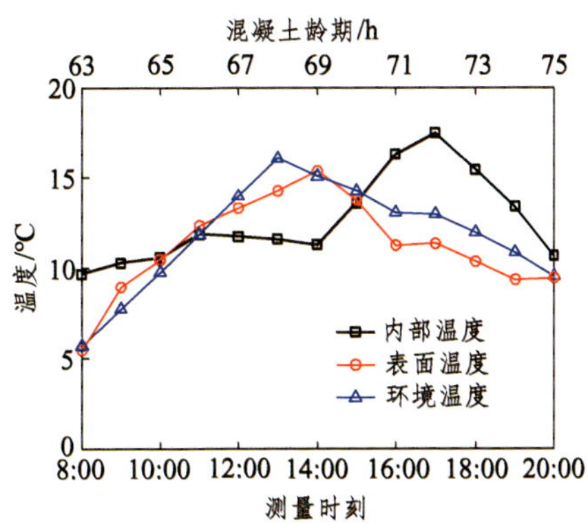

（a）跨中断面外腹板

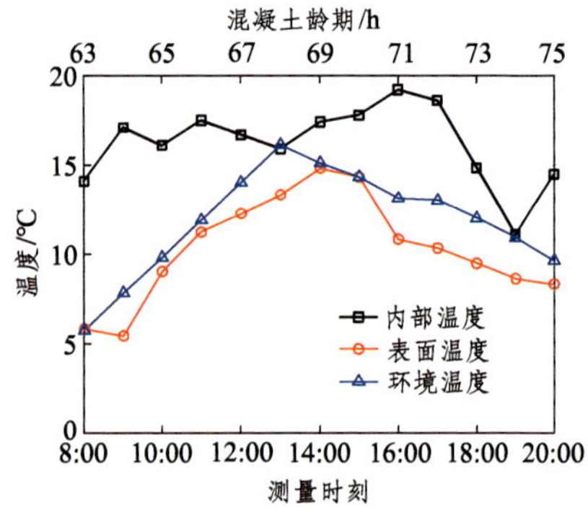

（b）梁端断面外腹板

图 4.7　观测断面外腹板混凝土内外温度与环境温度对比

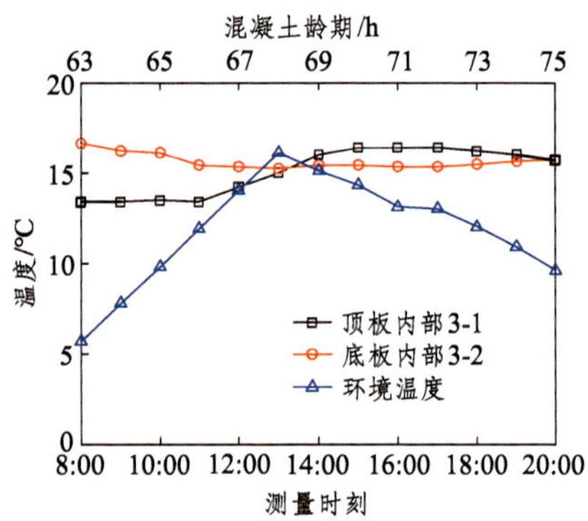

（a）跨中断面

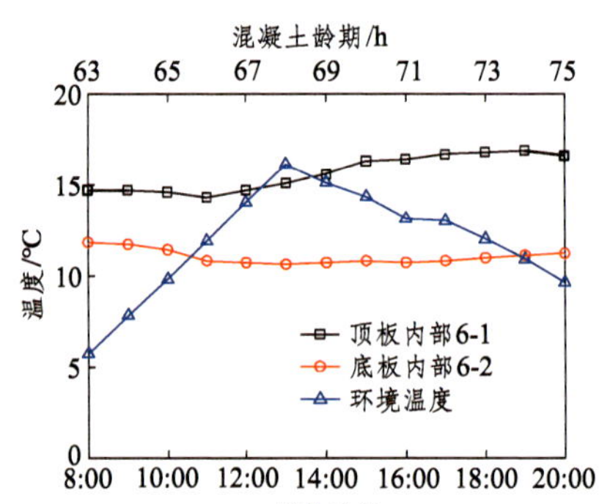

（b）梁端断面

图 4.8　观测断面顶板与底板混凝土内部温度对比

3. 第三时段

跨中断面及梁端断面混凝土内部实测温度与环境温度对比如图 4.9 所示。不同断面相同部位的温度变化曲线较为一致。跨中断面温度大体高于梁端断面，且顶板两者差值最小，底板最大。

箱梁跨中和梁端断面外腹板混凝土内部平均温度、表面平均温度及周围环境大气温度对比，如图 4.10 所示。大体上箱梁外腹板内部温度最高，环境温度次之，腹板表面温度最低。

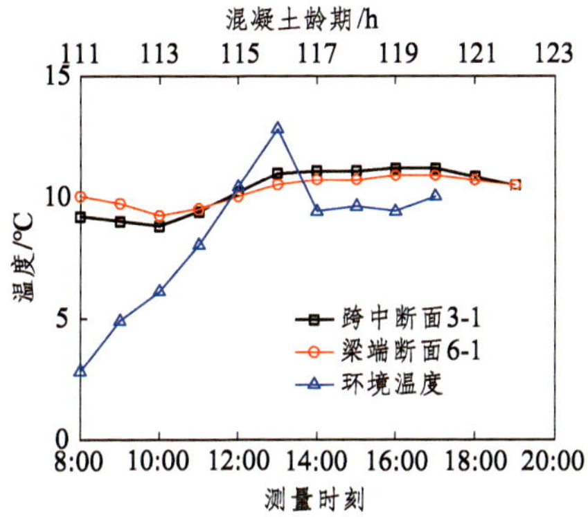

（a）顶板混凝土内部

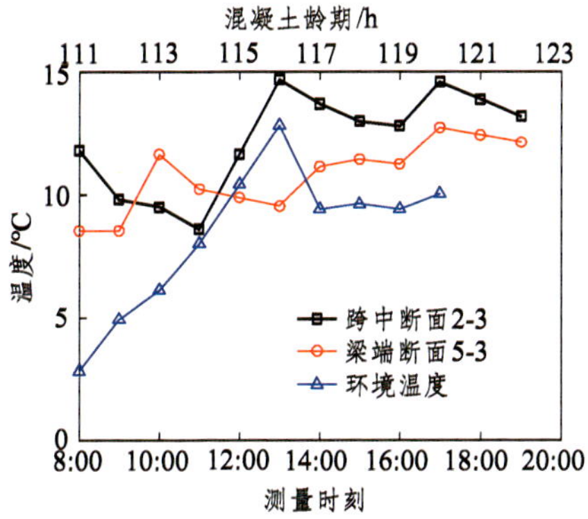

（b）外腹板混凝土内部

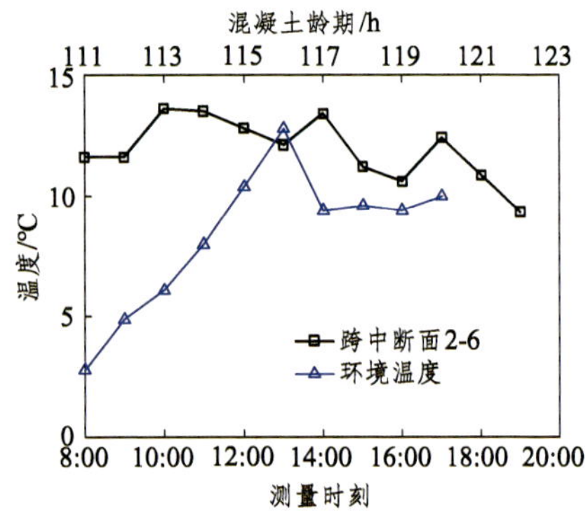

（c）内腹板混凝土内部

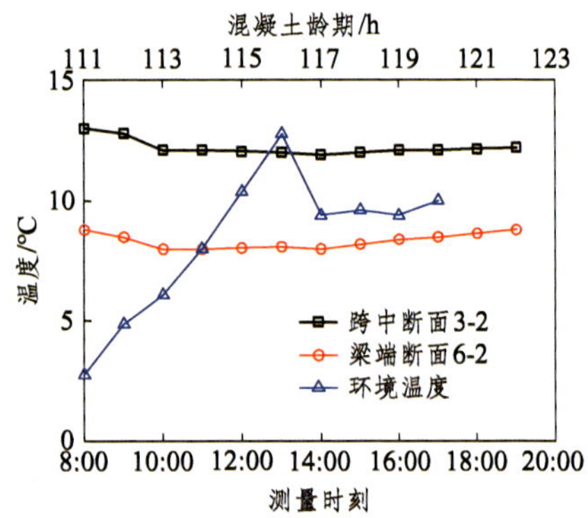

（d）底板混凝土内部

图 4.9 观测断面混凝土内部温度与环境温度对比

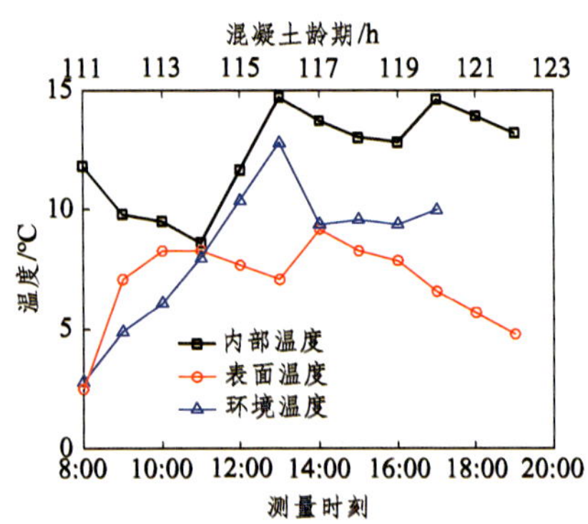

（a）跨中断面外腹板

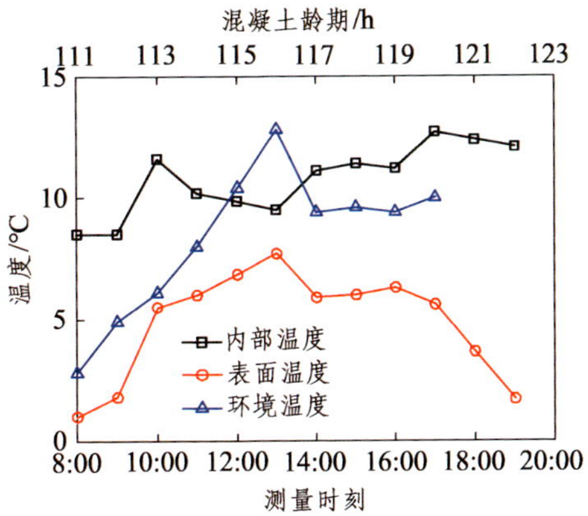

（b）梁端断面外腹板

图 4.10 观测断面外腹板混凝土内外温度与环境温度对比

混凝土箱梁观测断面顶板与底板混凝土内部温度对比，如图 4.11 所示。跨中断面底板混凝土内部温度高于顶板，而梁端断面顶板内部温度高于底板。

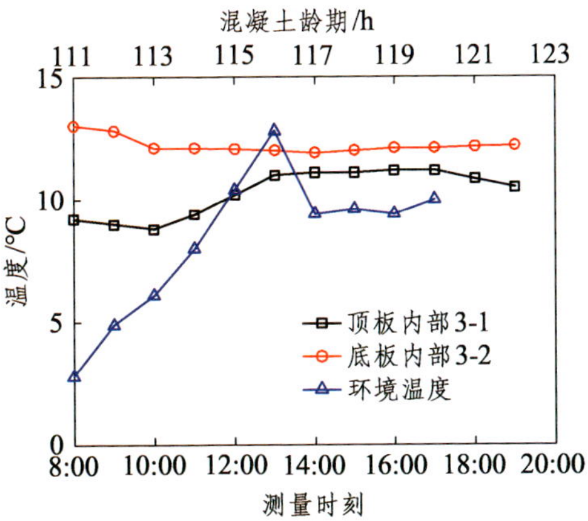

（a）跨中断面

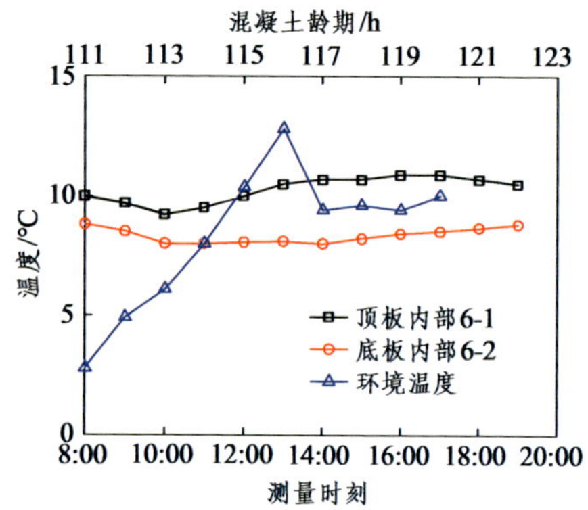

（b）梁端断面

图 4.11　观测断面顶板与底板混凝土内部温度对比

综上所述，早龄期箱梁混凝土内部温度变化大体表现为正余弦曲线，且随龄期增长混凝土内部温度趋同于环境温度。120 h 龄期内跨中断面混凝土内部温度整体上高于环境温度。不同断面相同部位混凝土内部温度变化规律大体相同。由于跨中断面底板较少受到环境影响，其底板温度高于梁端断面。跨中与梁端断面顶板温度差值较小，底板较大。以箱梁外腹板为例，浇筑后第二天混凝土内部平均温度大体上高于表面温度，同时内部和表面温度均高于环境温度。浇筑后第四天和第六天，大体上外腹板内部温度最高，环境温度次之，腹板表面温度最低。因为梁端断面腹板厚度大于跨中断面，其外腹板内外温差基本大于后者。随龄期增长，箱梁外腹板混凝土内部温度、表面温度与环境温度变化规律趋于相同。箱梁顶板与底板混凝土内部温度变化规律大体一致。跨中断面顶板与底板混凝土内部温差小于梁端断面。

4.3　箱梁早龄期应变试验结果分析

现以三个时段采集的试验箱梁跨中断面与梁端断面底板混凝土内部应变为例，分析早龄期混凝土箱梁特性。

1. 第一时段

试验箱梁表面温度数据在拆模后（即 10 月 31 日 9:20）开始采集，至 10 月 31 日 22:00 第一时段数据采集结束。混凝土箱梁浇筑及拆模之后跨中断面与梁端断面底板混凝土内部应变随龄期发展对比如图 4.12 所示。

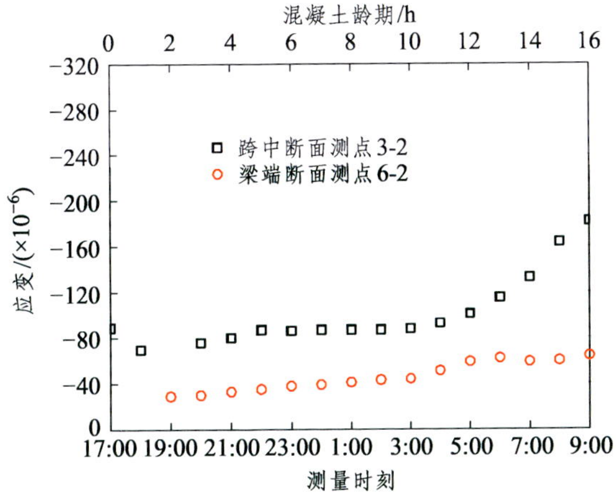

（a）混凝土浇筑之后

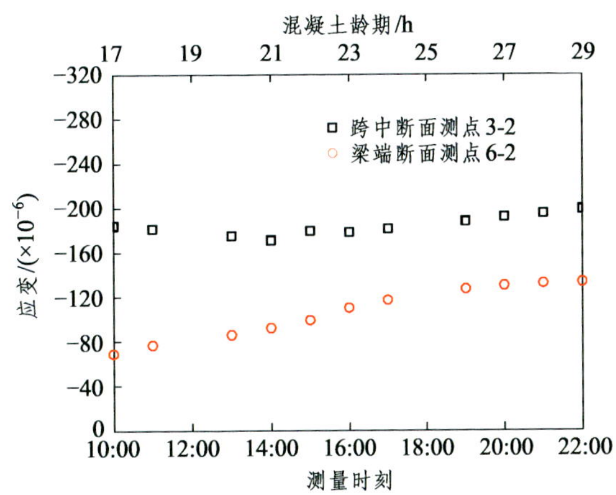

（b）箱梁拆模之后

图 4.12　第一时段箱梁跨中断面与梁端断面底板应变对比

从图 4.12 可以看出，混凝土箱梁浇筑之后跨中断面与梁端断面底板中心均呈现压应变且应变值随龄期逐渐增大，跨中断面应变大于梁端断面。从约 10 h 龄期开始，跨中断面应变增长率显著提高，但梁端断面应变增长较为缓慢。拆模之后梁端断面应变增大趋势明显加快，同时跨中断面应变出现小幅降低继而缓慢增加；跨中断面底板应变仍大于梁端断面，且二者差值整体趋势为增大。

2. 第二时段

11 月 2 日 8:00—20:00 进行第二时段数据观测。混凝土箱梁跨中与梁端断面底板混凝土内部应变随龄期变化对比如图 4.13 所示。跨中断面和梁端断面底板内部应变均表现为缓慢减小接着小幅增加，且应变变化率大体相同。相对于前 30 h 龄期，梁端与跨中断面应变差值有显著增大，最大差值为 -147×10^{-6}。跨中断面应变大约为梁端断面应变的 2.3 ~ 2.4 倍。

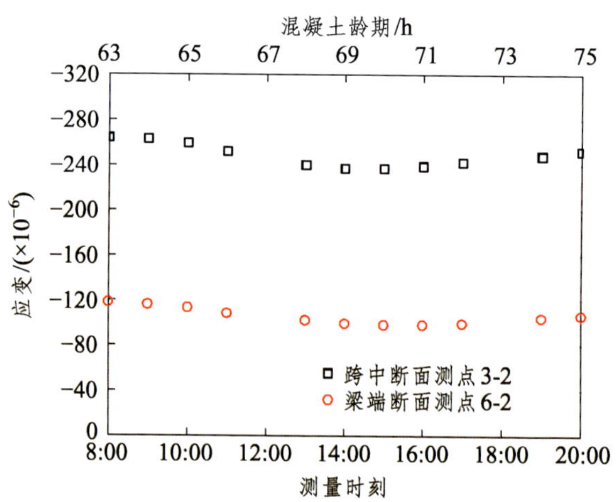

图 4.13 第二时段跨中断面与梁端断面底板应变对比

3. 第三时段

11 月 4 日 8:00—19:00 为数据采集第三时段。试验箱梁跨中与梁端断面底板混凝土内部应变时变发展对比如图 4.14 所示。跨中断面和梁端断面底板内部应变均表现为小幅降低再缓慢增大。梁端断面应变与跨中断面应变差值继续扩大，最大差值为 -184×10^{-6}。跨中断面应变大约为梁端断面应变的 2.6～2.7 倍。

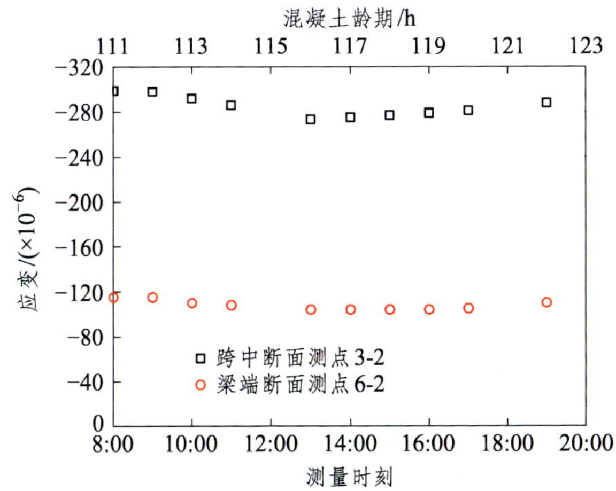

图 4.14　第三时段跨中断面与梁端断面底板应变对比

综上所述，在水化反应、混凝土收缩徐变及环境因素影响下，早龄期混凝土箱梁跨中断面与梁端断面底板中心均呈现压应变，而且应变值随龄期逐渐增大。约 10 h 龄期之后跨中断面和梁端断面相继出现应变增长率明显加大的现象。混凝土箱梁浇筑后第 4 天至第 6 天，由于受到大气温度升降变化等环境因素的影响，跨中断面和梁端断面底板内部应变均表现出先缓慢减小再小幅增加的规律。跨中断面底板混凝土内部应变一直大于梁端断面，而且二者应变差值整体变化趋势为随龄期逐渐增大。混凝土 12 h 龄期，跨中断面应变与梁端断面应变之差为 -42×10^{-6}；24 h 龄期，应变差值为 -64×10^{-6}；72 h 龄期，为 -143×10^{-6}；120 h 龄期，为 -176×10^{-6}。

CHAPTER 5 超宽斜弯混凝土箱梁温度场

5.1 箱梁温度场长期观测试验

5.1.1 试验对象及测点布置

本试验的依托工程为重庆江北国际机场 T3 航站楼 B 匝道第八联高架桥，该桥平面位于 $R = 227.5$ m 的圆曲线上，纵坡为平坡，横桥向设置径向 1.5%的横坡。选取第八联第三施工段（26#墩与 27#墩之间）的跨中附近 2 个截面、27#墩顶截面等 3 个箱梁截面作为测试断面，具体位置如图 5.1 和图 5.2 所示。

在超宽斜弯混凝土箱梁温度场长期观测试验中，测点的布置和早龄期试验相同，测点编号如下：测试断面一，从曲线内侧到外侧，测点编号依次为 T101 ~ T109；测试断面二，从曲线内侧到外侧，测点编号依次为 T201 ~ T209；测试断面三，从曲线内侧到外侧，测点编号依次为 T301 ~ T311。

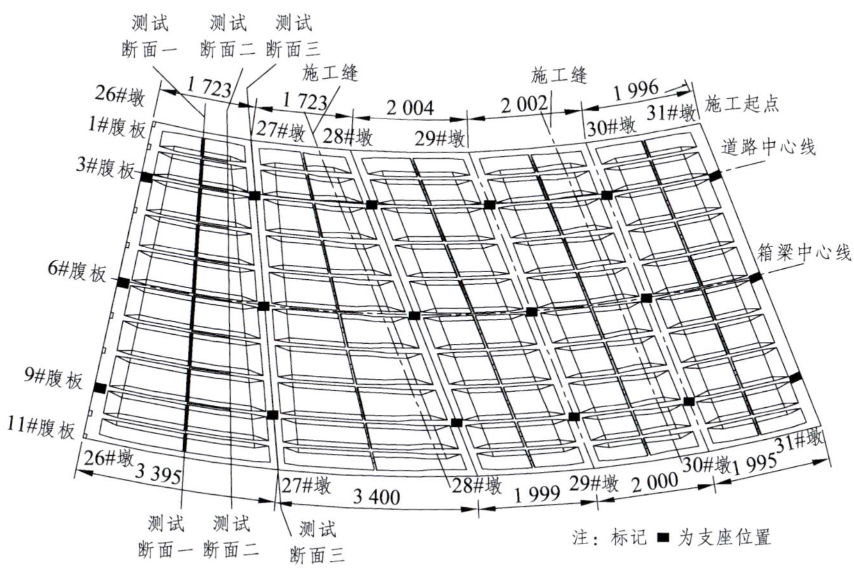

图 5.1 依托工程平面及测试断面（单位：cm）

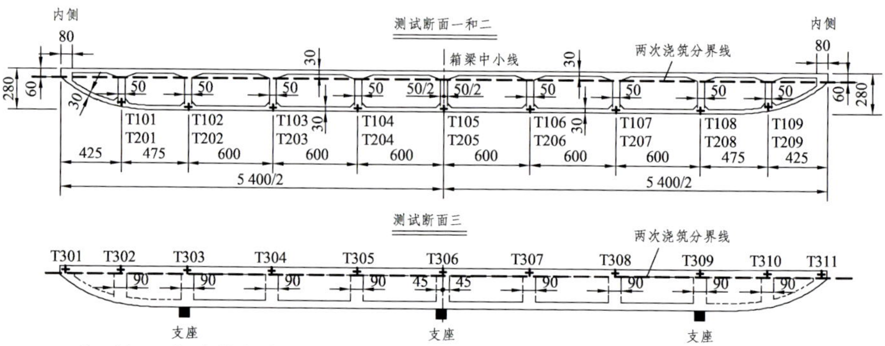

注：1.标记✚为温度测点和应变测点
2.标记■为支座位置
3.两次浇筑的时间间隔为 120 h
4.图中测点标注 T101 与之相对应的有 H101 和 Z101

图 5.2　测点布置（单位：cm）

5.1.2　试验设备

现场试验采用自动化综合采集测试系统、埋入式混凝土应变计。自动化综合测试系统是一种功能强大的分布式全自动静态网络数据采集系统。该系统采用全密封设计，防水防潮、防雷击，适应依托工程的自动化工程监测，可应用于工程领域长期无人值守的自动化测量。智能弦式数码应变计是一种埋入式混凝土应变计，应变计安装采用绑扎方式，即用扎丝将应变计绑扎在钢筋侧面。

5.1.3　桥址自然条件

1. 地形地貌

拟建场地位于重庆市渝北区，场地原始地形为构造剥蚀浅丘斜坡地貌，地形标高 360 ~ 450 m，相对高差 100 ~ 200 m。其中规划的东航站区紧靠在建第二跑道东侧，位于齐心小学到沙坪老街一带（包括蚂蝗丘和天平丘），主要为坪状丘陵，地层产状平缓，地形坡度 5° ~ 10°，地形标高在 350 ~ 450 m，砂岩层平铺其上，沟谷宽缓；最高点位于半坡附近，高程 443.20 m，最低点位于燕子岩东侧冲沟附近，高程 346.70 m。场区地形地貌属中等复杂场地。

2. 地理条件

场地位于重庆江北国际机场的东南侧，地理位置为渝北区双凤桥街道的桥田村、沙坪社区、玉峰山村及回兴街道的白鹤村和王家乡的一部分，地理坐标为东经 106°37′00″ ~ 106°41′00″，北纬 29°41′20″ ~ 29°45′47″。区内有东西向的双凤—旱土国道 319 线、两路—石坪的县级公路，南北向沙坪—王家、沙坪—石坪的县级水泥路面公路及通村公路；南侧有两路—红心页岩砖厂，北侧有二环高速路，东侧有渝邻高速公路。

3. 水　系

场地位于挖方地段，周边无大的冲沟及自然河流。线路高程均走得较高，不受洪水影响，整个线路不受洪水控制。

4. 气象特征

据重庆市气象局资料：区内具有空气湿润，春早夏长、秋雨连绵、冬暖多雾的气象特征；年无霜期约为 349 d；区内多年平均气温 18.3 °C，最高日气温 43 °C（2006 年 8 月 15 日），最低日气温 – 1.8 °C（1975 年 12 月 15 日）；多年平均降雨量为 1 186.5 mm，降雨量多集中在 5—9 月，平均降水 177.2 mm，多年平均最大日降雨量 94.2 mm；多年平均相对湿度 79%；年最大风速为 26.7 m/s。

5.2 温度测点试验数据

2015 年 12 月 18 日开始对依托工程第三施工段的第一层进行浇筑，12 月 19 日结束。测试断面三各测点位于顶板处，12 月 22 日完成安装和调试工作，12 月 23 日浇筑第二层混凝土。

5.2.1 横隔板温度

测试断面一各测点处的应变计安装于横隔板与底板交接处。为了较好地表现出箱梁曲线内外侧的温度差异，且为了保证每月温度变化曲线有一定的连续性，2016 年 1 月—3 月取测试断面一 T101、T103、T105、T107 和 T109 五个温度测点的温度，2016 年 5—11 月[①]取 T101、T104、T106、T107 和 T109 五个温度测点的温度，绘制测试断面一各测点的温度变化曲线，如图 5.3。

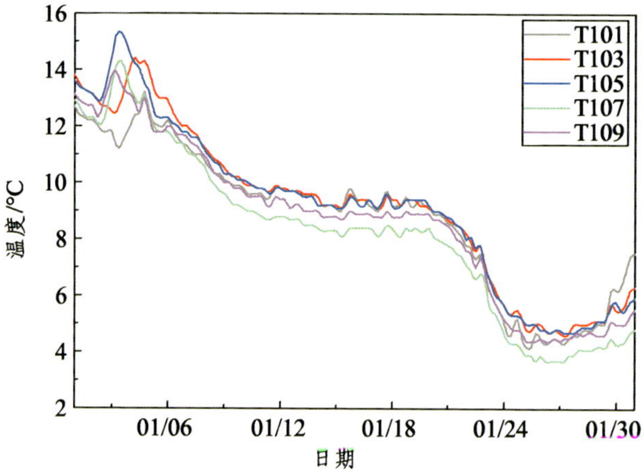

（a）2016 年 1 月

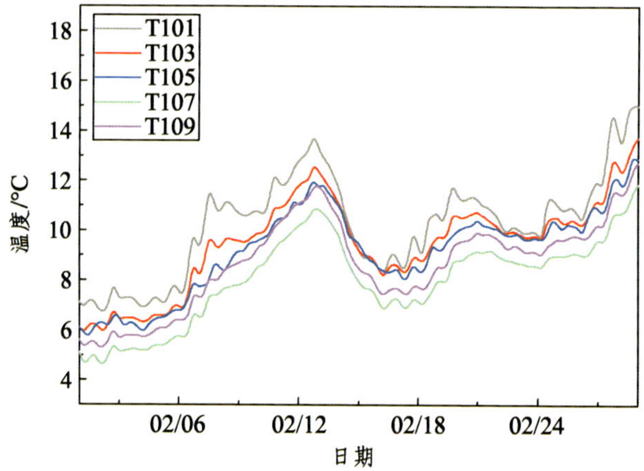

（b）2016 年 2 月

① 缺 10 月的数据。

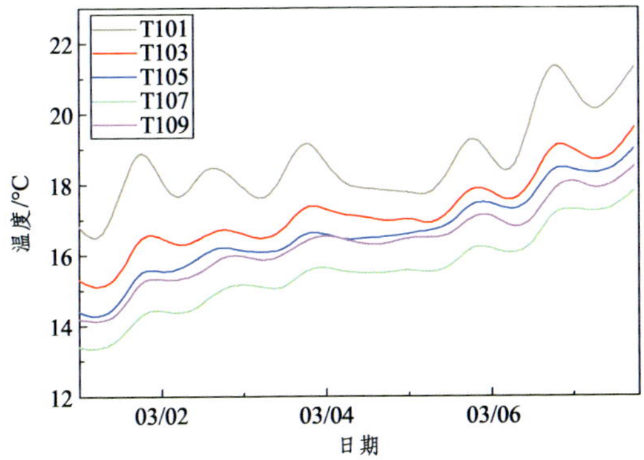

（c）2016 年 3 月

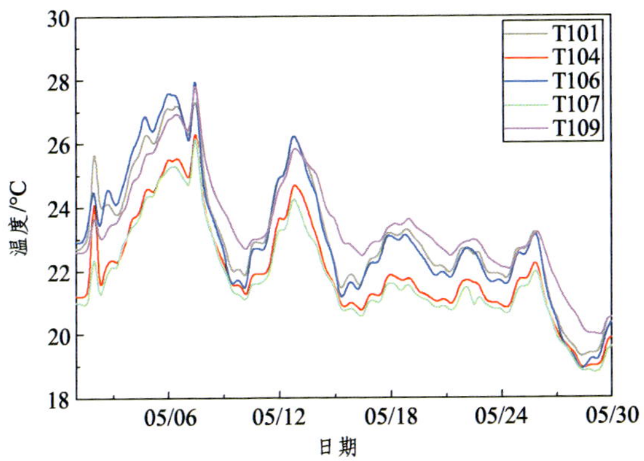

（d）2016 年 5 月

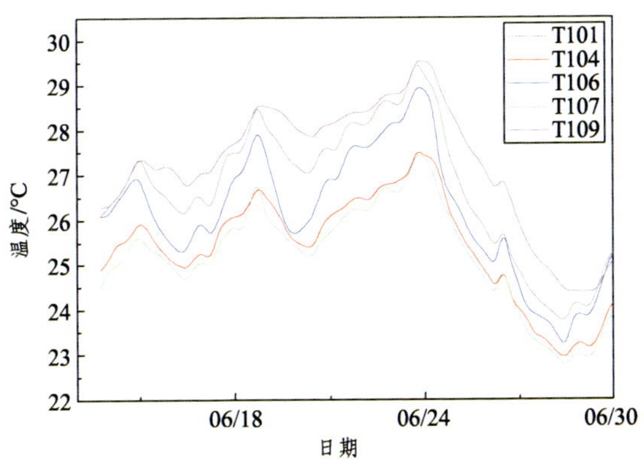

（e）2016 年 6 月

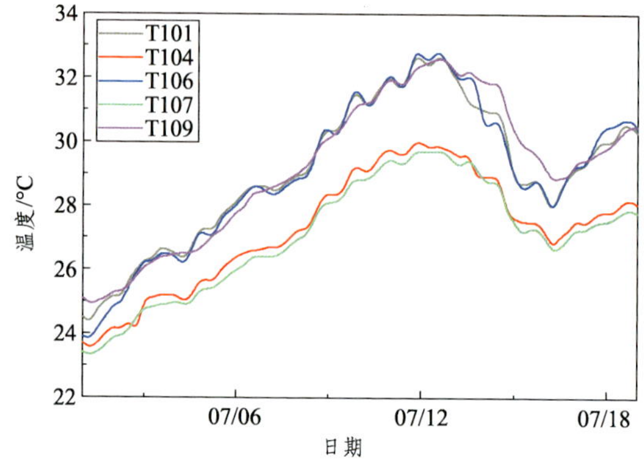

（f）2016 年 7 月

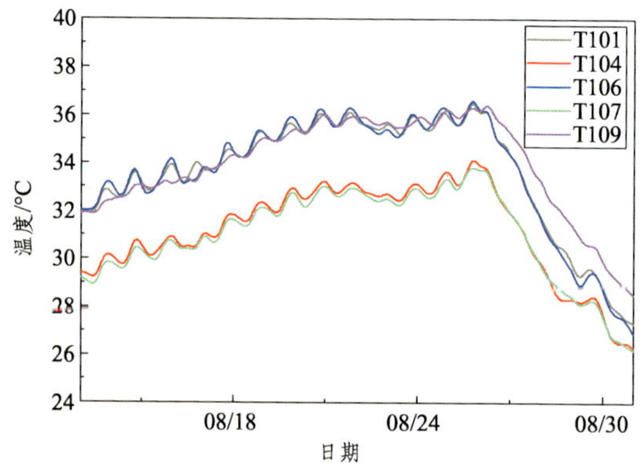

（g）2016 年 8 月

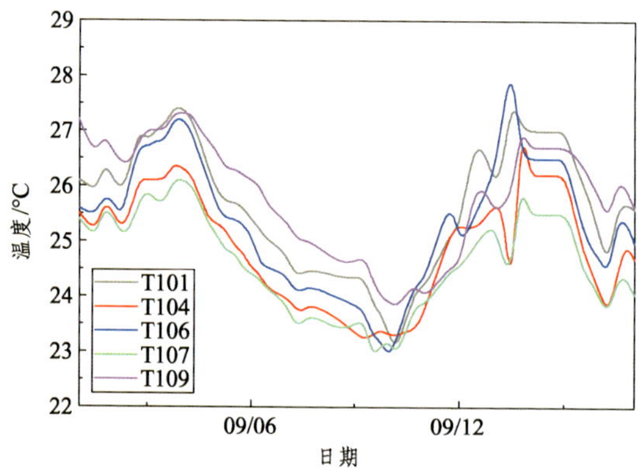

（h）2016 年 9 月

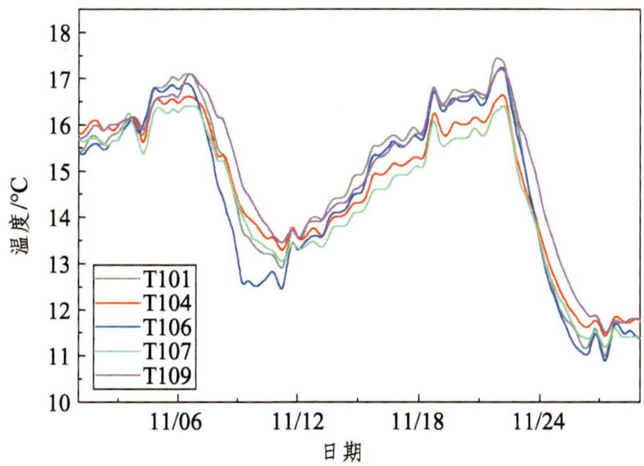

（i）2016 年 11 月

图 5.3 2016 年测试断面一每月温度变化

根据各测点现场试验温度变化可知，在箱梁浇筑完成后，测点处温度随着外温逐渐下降，冬季时最低温度达到 4 °C。在 1 月份之后的几个月内，温度时而上升时而下降，但总体呈现上升的趋势。在 8 月份时，横隔板处的温度最高达到 37 °C。测试期间温度有急剧上升或下降，是受到持续的高温天气或寒流的影响。

5.2.2 底板温度

选取测试断面二 T201、T203、T205 和 T208 四个温度测点每个月①的温度，绘制测试断面二各测点的温度变化曲线，如图 5.4。1 月份正处于冬季，各测点的温度出现逐渐下降的趋势。当处于夏季时，各测点的温度上升和下降更加显著，其中最高温度达到 36 °C，曲线内侧温度随着环境变化的速度更快，且外界温度对测点的温度影响高于靠近航站楼的外侧，内外两侧的温度差值达 3 ~ 4 °C。

① 缺 4 月、10 月、12 月的数据。

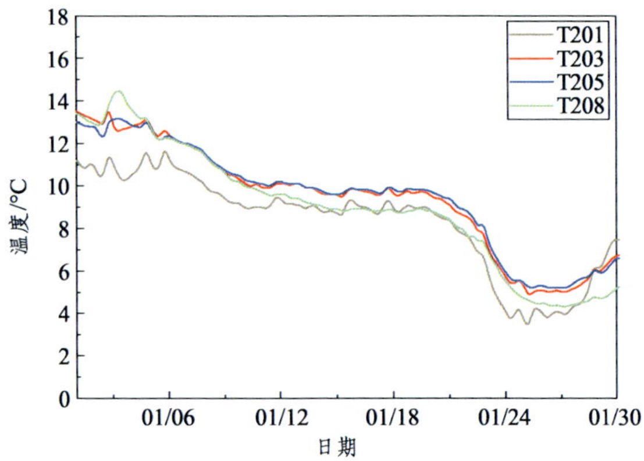

（a）2016 年 1 月

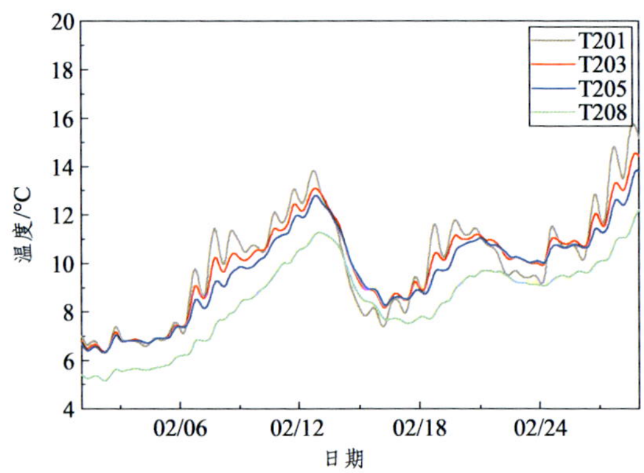

（b）2016 年 2 月

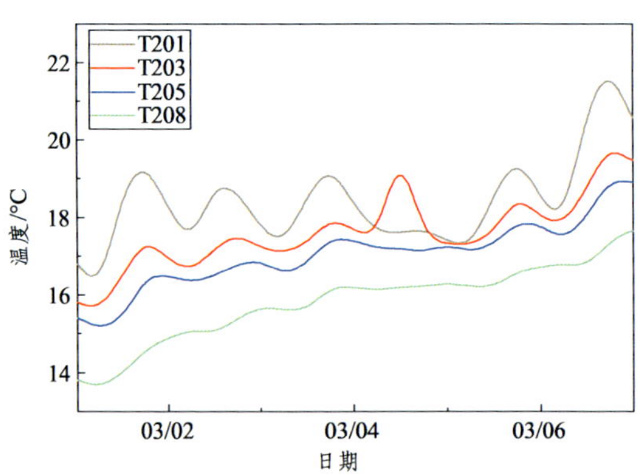

（c）2016 年 3 月

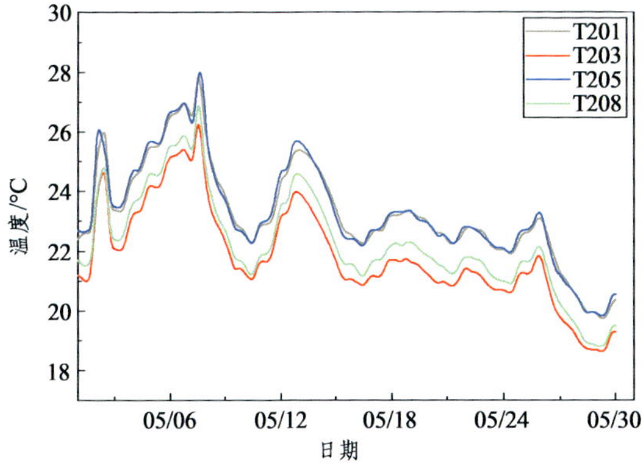

（d）2016 年 5 月

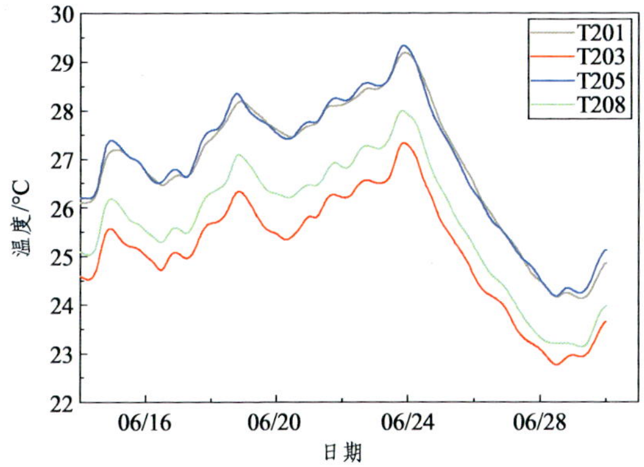

（e）2016 年 6 月

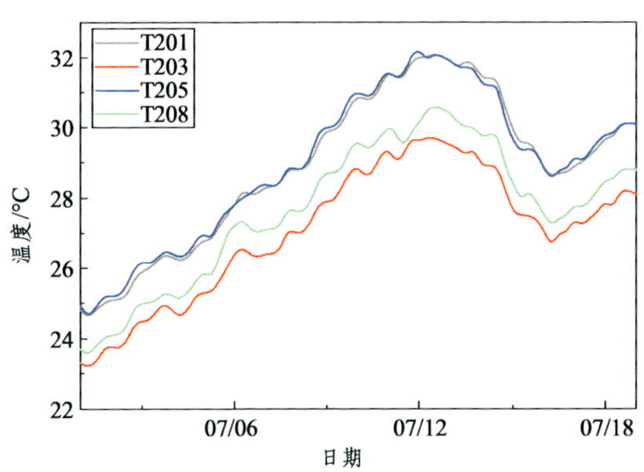

（f）2016 年 7 月

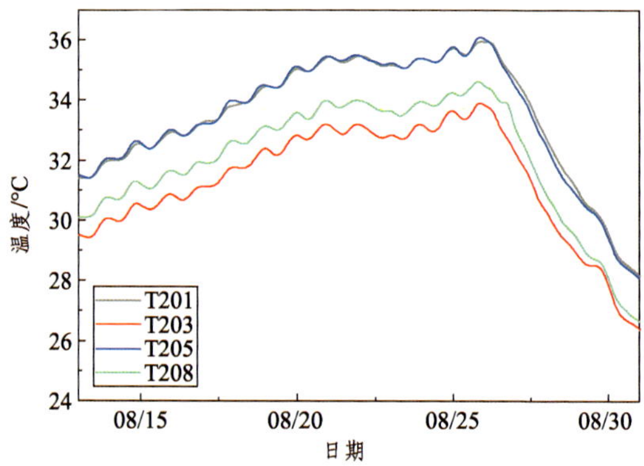

（g）2016 年 8 月

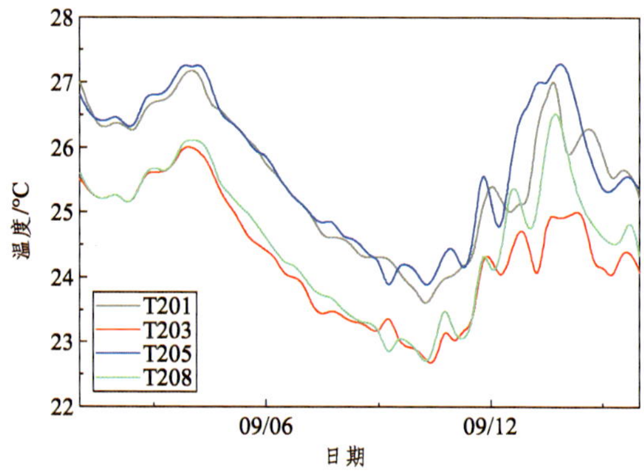

（h）2016 年 9 月

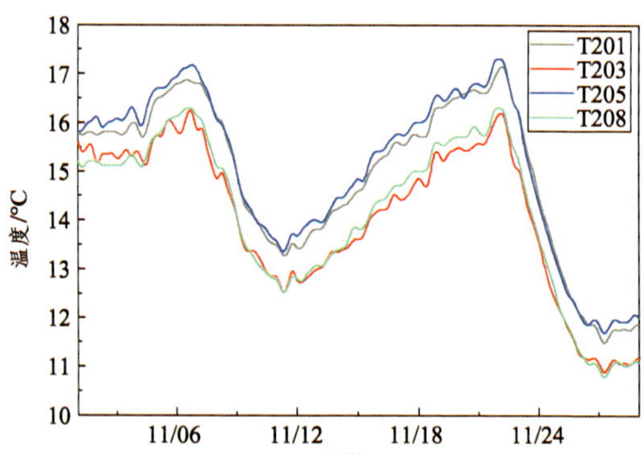

（i）2016 年 11 月

图 5.4 2016 年测试断面二每月温度变化

5.2.3 顶板温度

测试断面三各测点处的应变计安装于中横梁上缘。由于测试断面三测点实测数据存在个别的缺陷，在选取测点位置时有少许变化，这里取测试断面三 T301、T303、T306、T309 和 T311 五个温度测点的温度[①]，绘制测试断面三各测点的温度变化曲线，见图 5.5。

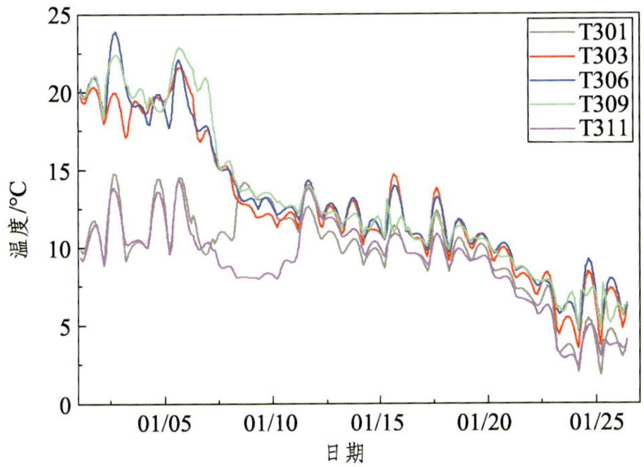

（a）2016 年 1 月

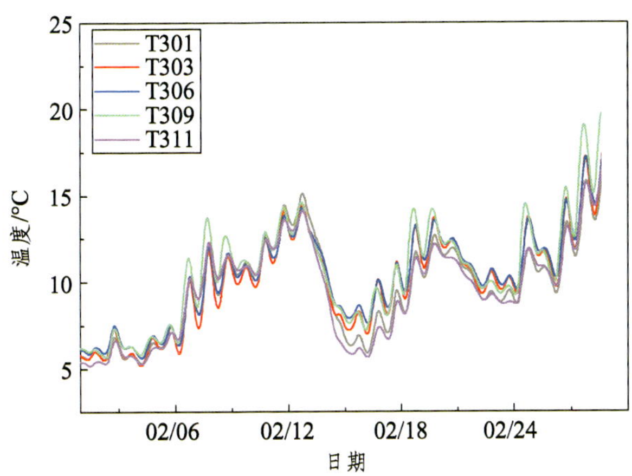

（b）2016 年 2 月

① 缺 10 月、12 月的数据。

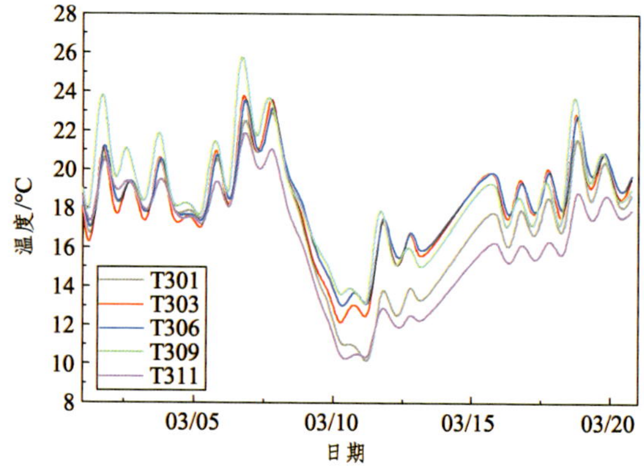

（c）2016 年 3 月

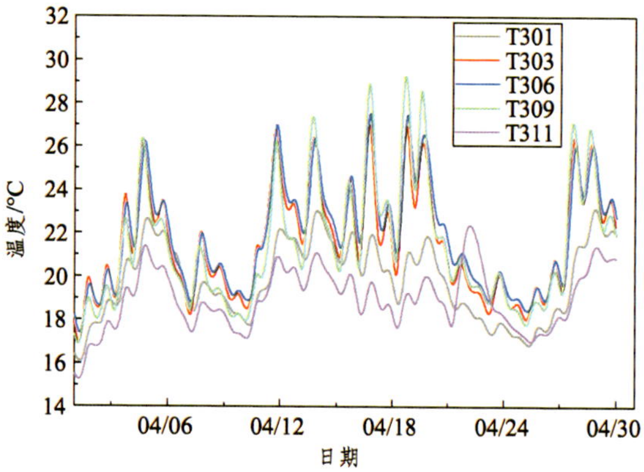

（d）2016 年 4 月

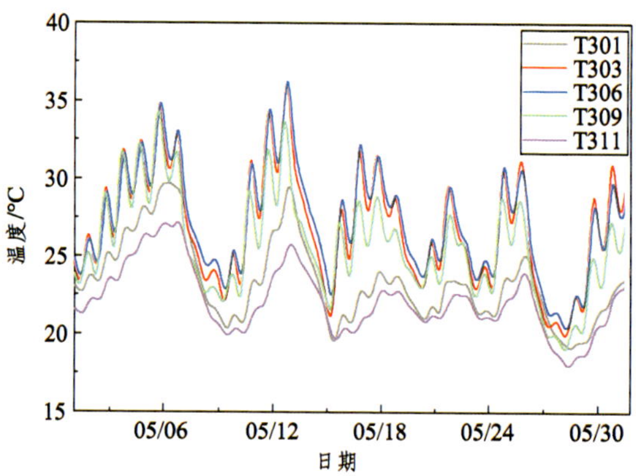

（e）2016 年 5 月

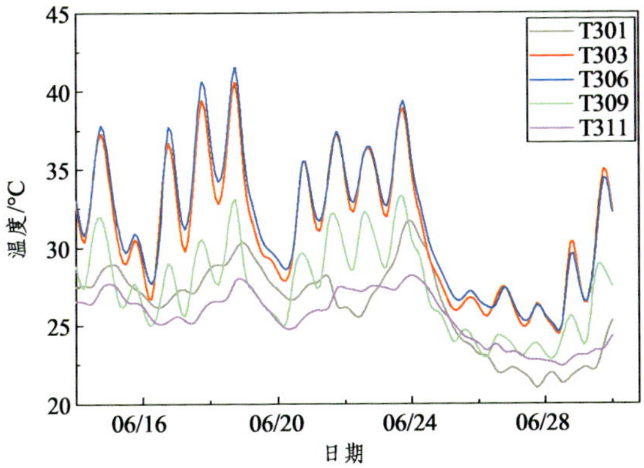

（f）2016 年 6 月

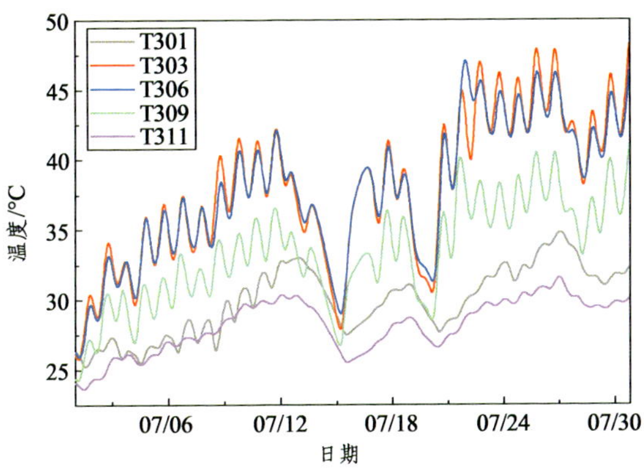

（g）2016 年 7 月

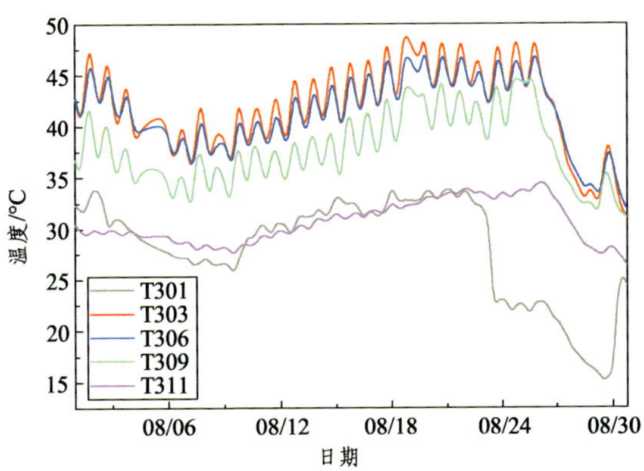

（h）2016 年 8 月

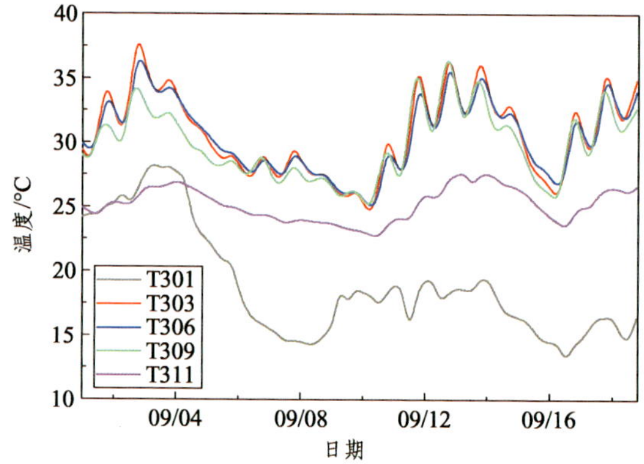

（i）2016 年 9 月

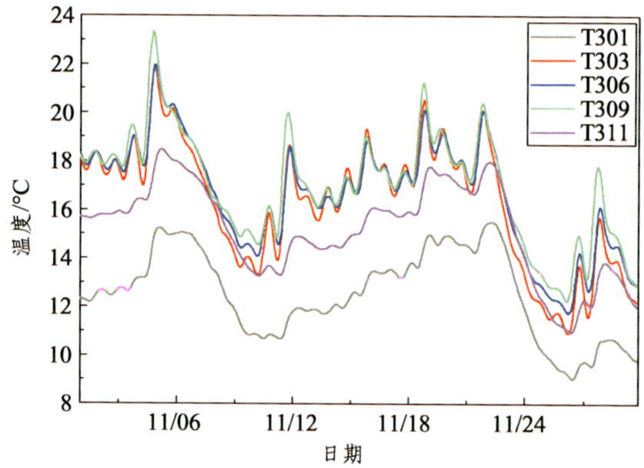

（j）2016 年 11 月

图 5.5　2016 年测试断面三每月温度变化

从图 5.5 可见，测试断面三温度变化与其他两个断面不同，顶板位置受到太阳直射等外界环境的影响更大，测点温度有较大变化，且这种变化呈现出一定的周期性。5 月份之前，各测点的温度变化规律大体相同。之后由于人行道等结构修建，某些测点的混凝土保护厚度发生变化，导致曲线两端测点 T301 和 T311 的温度变化与其他测点出现较大差别。测试断面最高温出现在 7、8 月份，约为 48 °C，整体上高于其他两个断面 5 ~ 15 °C。同时，曲线内侧温度略高于曲线外侧。

5.3 试验数据对比分析

5.3.1 同时刻不同测试断面

1. 春季箱梁各断面温度分布

2016 年 2、3 月份正处于气温回升的初春季节，选取 3 个测试断面在 2016 年 3 月 1—7 日的温度数据，数据采集间隔为 2 h，各测点温度变化见图 5.6。

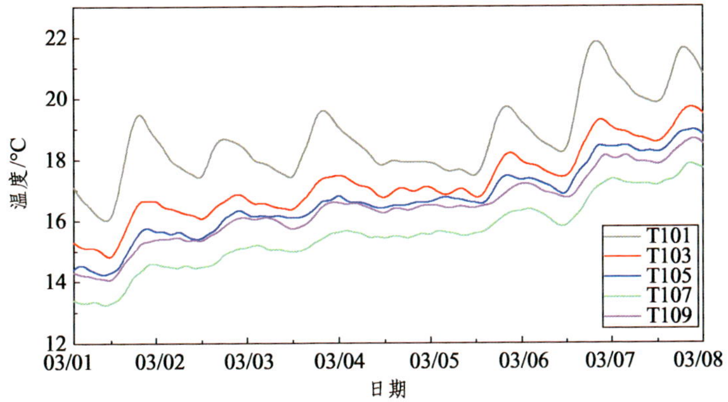

（a）测试断面一底板实测温度

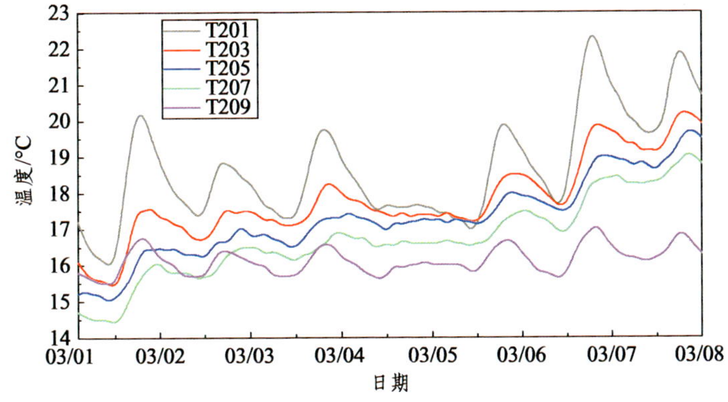

（b）测试断面二底板实测温度

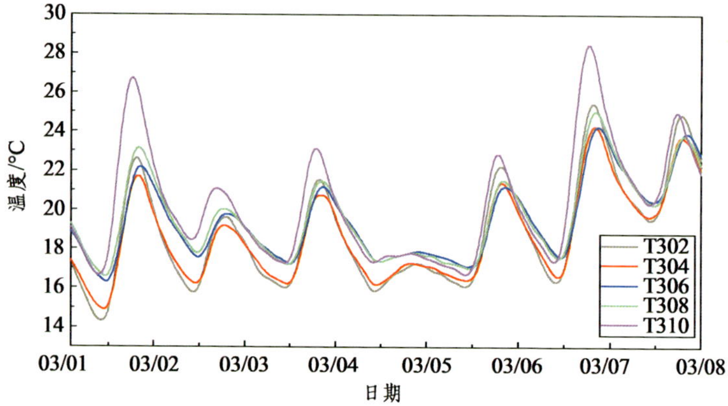

（c）测试断面三顶板实测温度

图 5.6 春季各测点实测温度变化

由图 5.6 可见，箱梁 3 个测试断面春季混凝土的温度成正弦变化。曲线内侧梁体受日照时间较长，混凝土温度变化较为明显。靠近航站楼的箱梁曲线外侧部分，受日照作用较少，混凝土温度变化幅度较小。不同于其他两个部位，横梁顶部处受到太阳直射、风速等环境因素的影响较大，曲线内外侧的温度变化均呈现正弦变化，每个测点几乎同时出现最高和最低温度，最高温可达 27 °C，与其他两个测试断面的竖向温差达 7 °C。

2. 夏季箱梁各断面温度分布

2016 年 7、8 月份正处于气温最高的夏季，选取 3 个测试断面 2016 年 8 月 15—21 日的温度数据，数据采集间隔为 2 h，各测点温度见图 5.7。

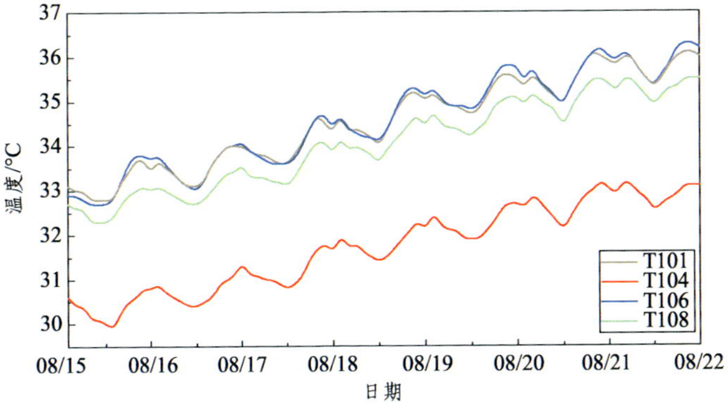

（a）测试断面一底板实测温度

（b）测试断面二底板实测温度

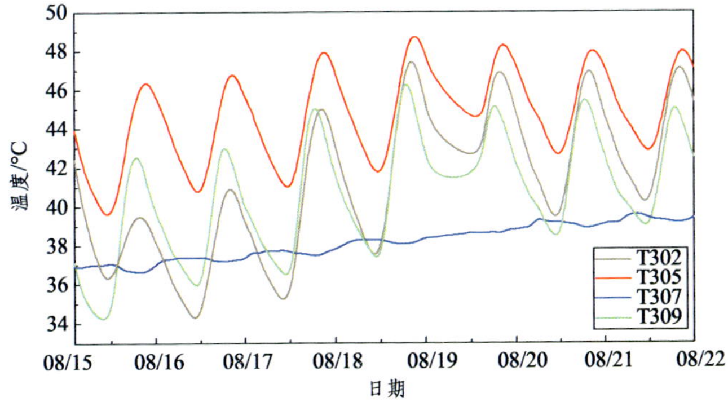

（c）测试断面三顶板实测温度

图 5.7 夏季各测点实测温度变化

从图 5.7 可以看出，箱梁横隔板和底板处的混凝土温度呈现周期变化，且这两处的混凝土温度大体相同；箱梁顶板处混凝土温度呈现正弦变化。或因传感器故障，T307 测点温度为直线变化。箱梁底部最高温度的时刻约在 0 时，而顶板处最高温度时刻在 18 时，两者最高温度时间差一般有 4 ~ 5 h。

5.3.2 同时刻同一测试断面

1. 测试断面一底板温度分布

图 5.8（a）为超宽斜弯连续箱梁横隔板处于 2016 年 2 月 6—9 日的温度变化图，图 5.8（b）为箱梁横隔板处于 3 月 1—4 日的温度变化图，数据采集间隔为 2 h。

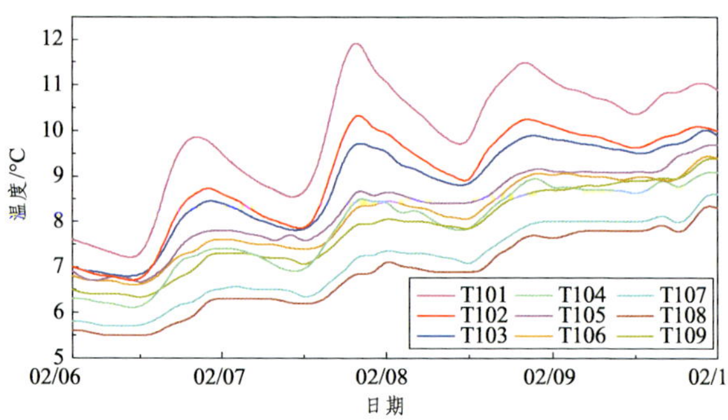

（a）2 月实测温度

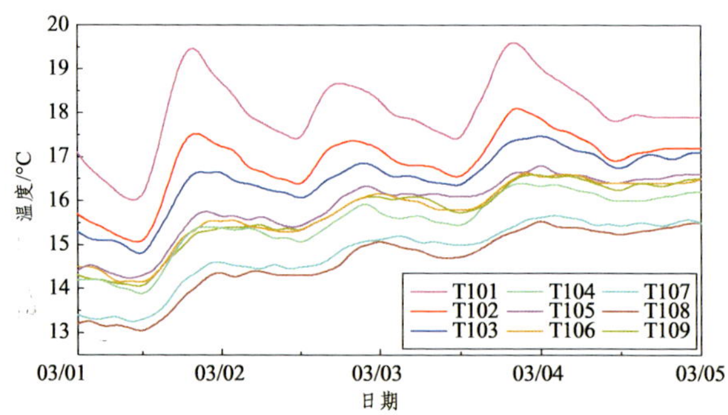

（b）3 月实测温度

图 5.8 春季测试断面一底板实测温度变化

由图 5.8 可见，位于箱梁曲线内侧的 3 个测点 T101、T102 和 T103，由于春季下午，阳光直射箱梁鱼腹型腹板，混凝土温度呈现正弦曲线变化，最高和最低温度的差值达 3.5 °C。在靠近箱梁曲线外侧的温度测点，无阳光直射，每日温度变化较小，幅值小于 1.5 °C。箱梁横向温度变化规律较为明显，曲线内侧温度高于曲线外侧，且呈现依次递减的趋势，最高温差可达 5.5 °C，但是曲线外侧的测点 T109 例外。

图 5.9（a）为 7 月 7—10 日测试断面一各测点的温度变化图，图 5.9（b）为 8 月 19—22 日的温度变化图，数据采集间隔为 2 h。

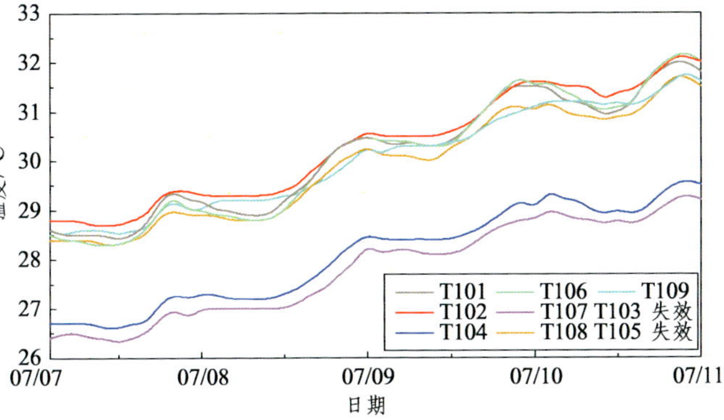

（a）7 月实测温度

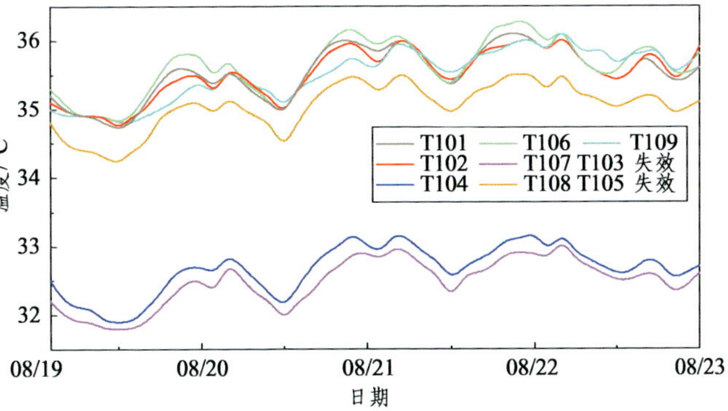

（b）8 月实测温度

图 5.9　夏季测试断面一底板实测温度变化

从图 5.9 可得，位于箱梁跨中断面底板的温度基本呈现正弦变化。曲线内侧和外侧的温度变化大体相同，未出现春季时曲线内外两侧的明显差别，温度变化幅值小于 2 °C。箱梁测点 T104 和 T107 的温度低于其他测点 2 ~ 3 °C，但总体趋势相同。除个别测点外，夏季箱梁横向温度变化规律与春季相同。

2. 测试断面二底板温度分布

图 5.10（a）为 2016 年 2 月 6—9 日测试断面二底板温度变化图，图 5.10（b）为 3 月 1—4 日的温度变化图，数据采集间隔为 2 h。其中位于 10#腹板处的测点 T209 温度数据采集异常。

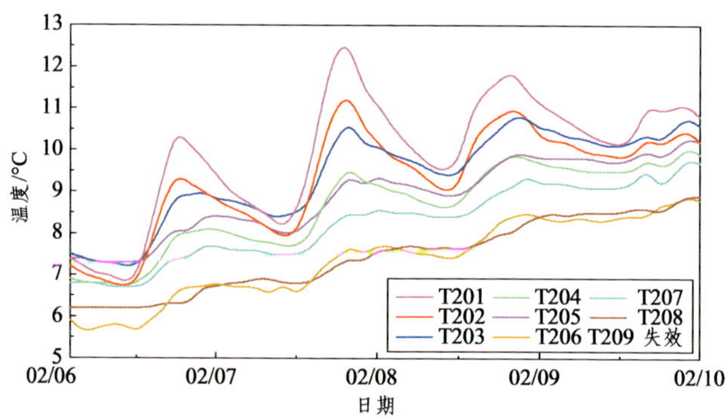

（a）2 月实测温度

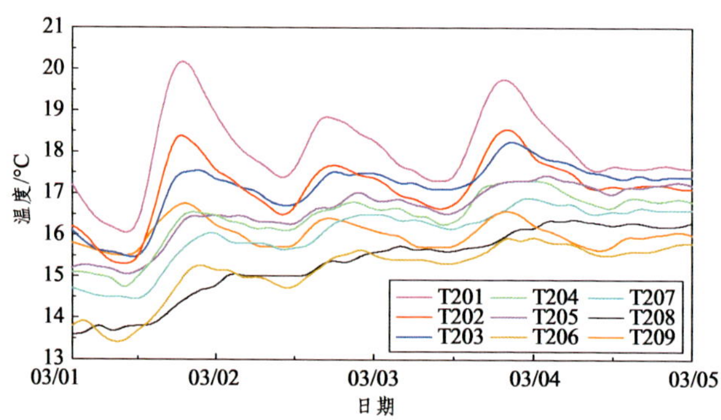

（b）3 月实测温度

图 5.10 春季测试断面二底板实测温度变化

从图 5.10 可见，箱梁曲线内侧的 3 个测点 T101、T102 和 T103 受太阳辐射作用较多，温度呈现正弦曲线变化，日温差达 4 °C，温度上升速率略大于下降速率。同时，其余测点的混凝土温度变化则较为平缓，基本呈现缓慢上升的直线变化。横桥向由内侧向外侧基本为递减趋势，曲线内侧混凝土温度略高于曲线外侧，最高温差可达 5 °C。

图 5.11（a）为 7 月 7—10 日测试断面二底板温度变化图，图 5.11（b）为 8 月 19—22 日温度变化图，数据采集间隔为 2 h，其中位于 3#、8#、10#腹板处的测点 T202、T207 和 T209 温度数据采集异常。

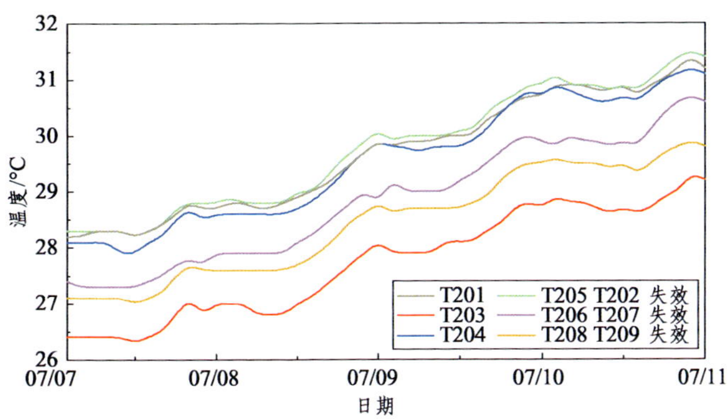

（a）7 月实测温度

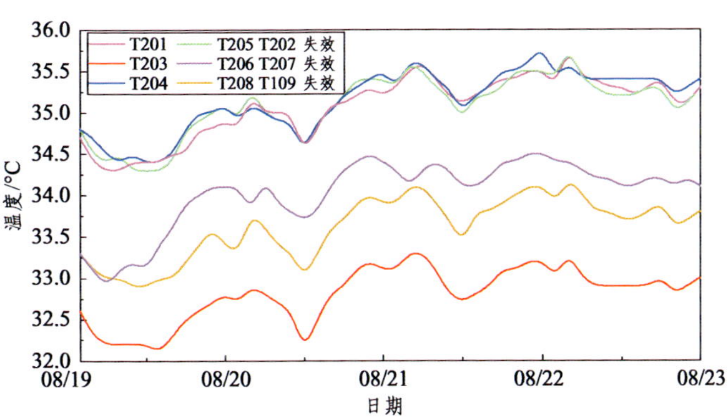

（b）8 月实测温度

图 5.11 夏季测试断面二底板实测温度变化

由图 5.11 可见，箱梁测试断面二底板各测点的温度基本呈现周期性变化，最高温度大约出现在凌晨，最低温度大约出现在上午 10 时。除个别测点外，曲线内外两侧的最大温差在 1 ~ 2 °C。

3. 测试断面三顶板温度分布

图 5.12（a）为 2016 年 2 月 6—9 日测试断面三顶板温度变化图，图 5.12（b）为 3 月 1—4 日的温度变化图，数据采集间隔为 2 h。

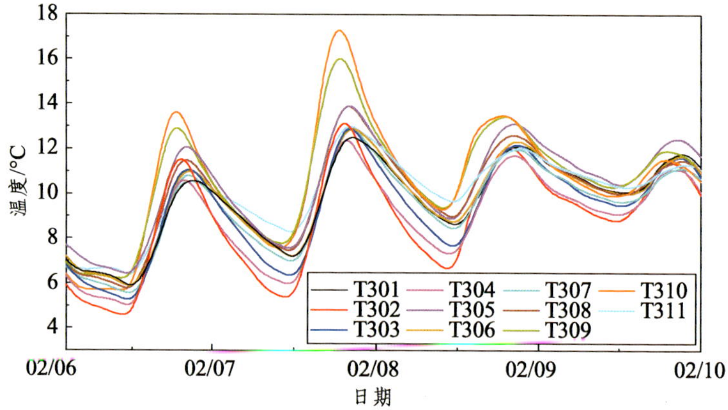

（a）2 月实测温度

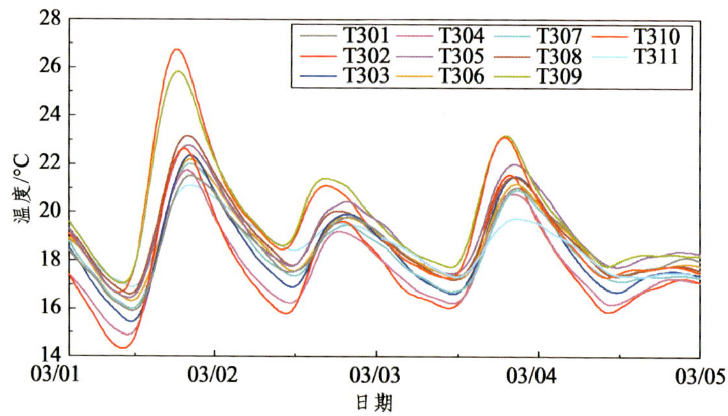

（b）3 月实测温度

图 5.12　春季测试断面三顶板实测温度变化

从图 5.12 可得，箱梁测试断面三顶板受太阳辐射作用较大，温度呈现正弦曲线变化。每测点的日温差大体相同，大约为 8 ~ 10 °C。顶板混凝土温度上升速率较大，最高温度大约出现在 18 时。混凝土温度下降速率相对较慢，最低温度大约出现在早晨 7 时。位于箱梁曲线外侧的测点 T309 和 T310 的温度高出其他测点，最高温度出现时刻也稍早，可能是应变计位置高于其他测点，离混凝土表面更近。春季顶板处各测点的混凝土温度基本上相同，每个测点的温度差别不大于 0.5 °C。

图 5.13（a）为 7 月 7—10 日测试断面三顶板温度变化图，图 5.13（b）为 8 月 19—22 日的温度变化图，数据采集间隔为 2 h。

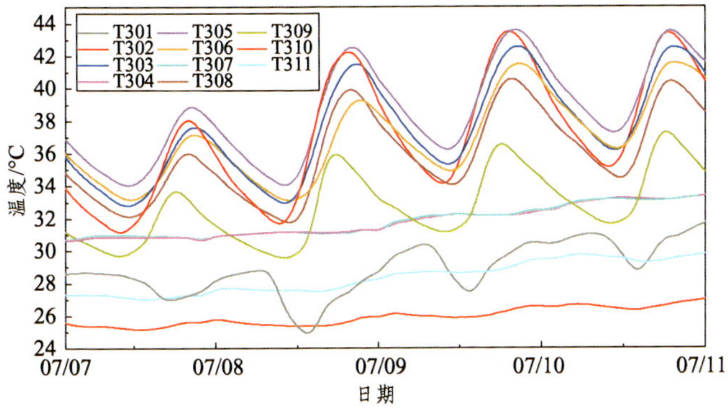

（a）7 月实测温度

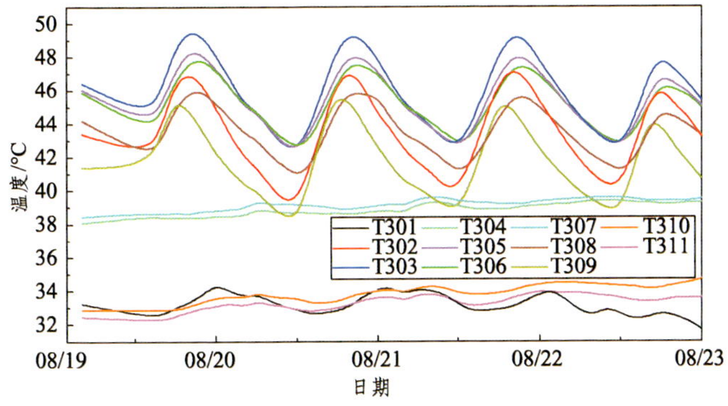

（b）8 月实测温度

图 5.13 夏季测试断面三顶板实测温度变化

由图 5.13 可见，箱梁顶板测点 T302、T303、T305、T306、T308、T309 的温度呈现正弦曲线变化。夏季顶板混凝土温度上升速率较大，最高温度大约出现在 18 时，而混凝土温度下降速率相对较慢，最低温度大约出现在早晨 7 时，日温差最大达到 11 °C。

CHAPTER 6 超宽斜弯混凝土箱梁应变和挠度

6.1 箱梁应变和挠度长期观测试验

6.1.1 试验对象及测点布置

本试验的依托工程为重庆江北国际机场 T3 航站楼 B 匝道第八联高架桥，该桥平面位于 $R = 227.5$ m 的圆曲线上，纵坡为平坡，横桥向设置径向 1.5%的横坡。选取第八联第三施工段（26#墩与 27#墩之间）的跨中附近 2 个截面、27#墩顶截面等 3 个箱梁截面作为测试断面，每个断面布设测点，见图 6.1 和图 6.2 所示。

应变测点编号：测试断面一，从曲线内侧到外侧，纵桥向应变计编号依次为 Z101 ~ Z109，横桥向应变计编号依次为 H101 ~ H109；测试断面二，纵桥向为 Z201 ~ Z209，横桥向为 H201 ~ H209；测试断面三，纵桥向应变为 Z300 ~ Z310，横桥向为 H300 ~ H310。每个应变测点布置的应变计可同时采集温度和应变数据。

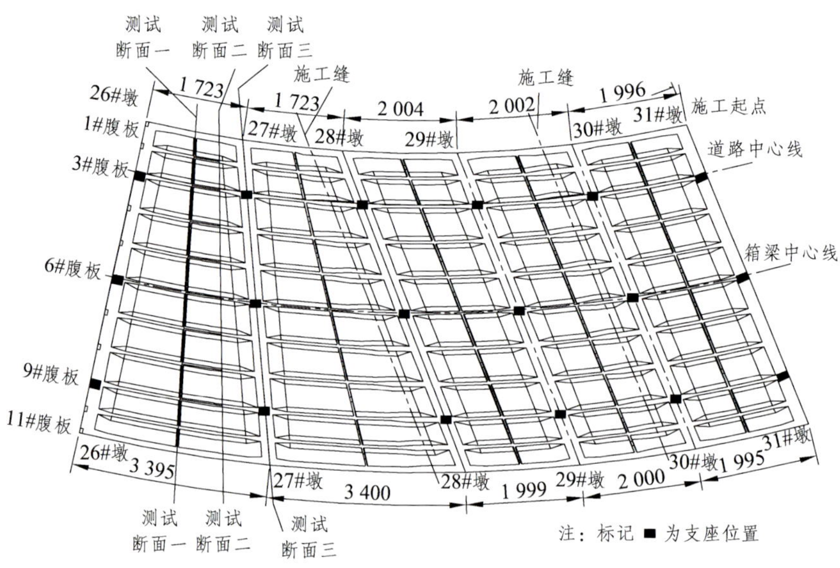

图 6.1 依托工程平面及测试断面（单位：cm）

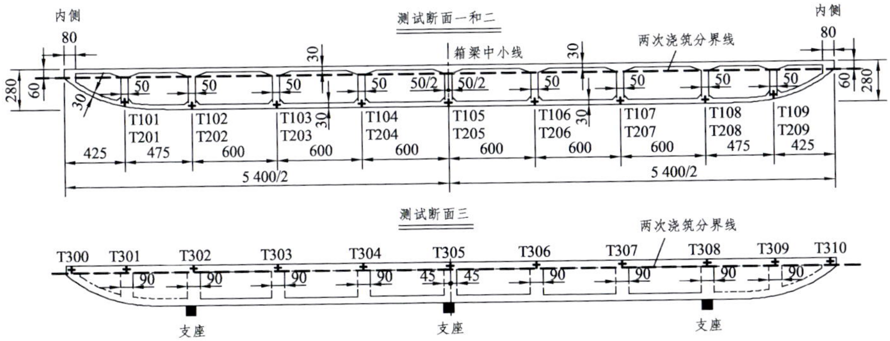

注：1.标记✚为温度测点和应变测点
2.标记■为支座位置
3.两次浇筑的时间间隔为 120 h
4.图中测点标注 T101 与之相对应的有 H101 和 Z101

图 6.2 测点布置（单位：cm）

挠度测点编号：测试断面一，从曲线内侧到外侧，挠度测点编号依次为 D105 ~ D108；测试断面二，从曲线内侧到外侧，挠度测点编号依次为 D205 ~ D208；测试断面三，从曲线内侧到外侧，挠度测点编号依次为 D307、D308。

6.1.2 试验设备

现场试验采用自动化综合采集测试系统、埋入式混凝土应变计和静力水准仪。静力水准仪由多个精密液位计组成，通过连通管将所有液位计的液面连通，测量各液位计相对基点的垂直向变形情况，采用电感调频原理设计制造。

6.2 超宽斜弯混凝土箱梁应变

6.2.1 箱梁跨中断面应变

各测点的应变实测数据减去对应的初始读数，得到应变的实际变化值，即本书中的“应变”。按状态稳定原则，选取每日凌晨 3 时的箱梁各测点应变数据作为代表值。跨中断面各测点应变代表值变化曲线见图 6.3 所示，拉应变为正，压应变为负。编号 Z103、H103、H104、H105 测点应变传感器后期失效。

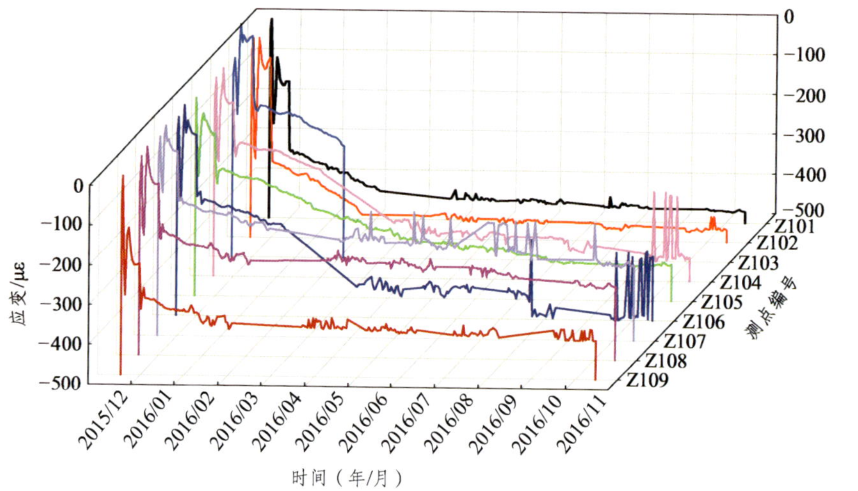

（a）纵桥向应变

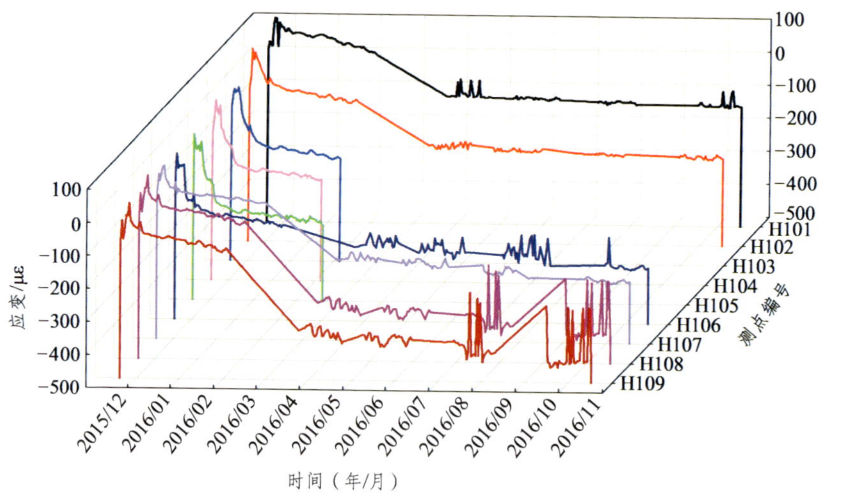

（b）横桥向应变

图 6.3　跨中断面各测点应变

由图 6.3 可见，混凝土箱梁跨中断面底板的纵桥向和横桥向应变一直处于显著波动变化状态。在混凝土浇筑完成后十余天内，由于水化反应的影响，箱梁应变有剧烈波动，纵向、横向均出现了拉应变。

待混凝土龄期和强度达到要求，腹板预应力钢束张拉完成后，箱梁跨中底板纵向压应变急剧增加，其增值范围为 80 ~ 270 με。由于鱼腹型的特点，曲线外侧和内侧的纵向压应变最大，大于其他测点至少 100 με。又由于跨中底板仅有纵向钢束以及泊松效应的影响，此时大多数测点的横向压应变减小，幅值为 0 ~ 25 με。

随后满堂支架拆除，在自重作用下箱梁跨中为正弯矩，因此底板纵向压应变出现一定的消压，应变调整过程持续 1 ~ 2 d。箱梁弯曲且超大宽度等特点造成曲线外侧梁长（34 m）与内侧梁长（17 m）的巨大差异，导致曲线外侧箱室底板纵向压应变的减小幅值（100 με）明显大于曲线内侧（20 με）。调整结束之后的最大纵向压应变依次为测点 Z101、Z102 和 Z109，大于其他测点约 150 με。与此同时，测点 H103 ~ H107 的横向压应变均出现 20 ~ 40 με的增大，其余测点无明显变化。

箱梁完工后的 5 个月，跨中断面纵向压应变逐渐增大，而后趋于平稳，但横向压应变无此变化过程。因航站楼建材临时堆放，曲线外侧测点 Z107、Z108、Z109 的应变值波动大于其他测点。

6.2.2 箱梁 3/4 跨断面应变

3/4 跨断面各测点应变代表值变化曲线见图 6.4 所示。测点 Z209、H206 传感器失效，测点 Z202、Z208、H201、H202、H205、H207 传感器后期失效。

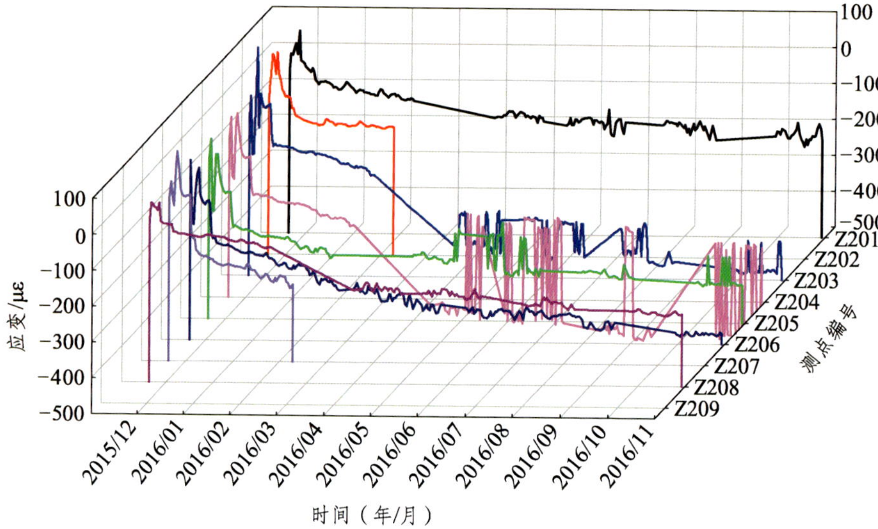

（a）纵桥向应变

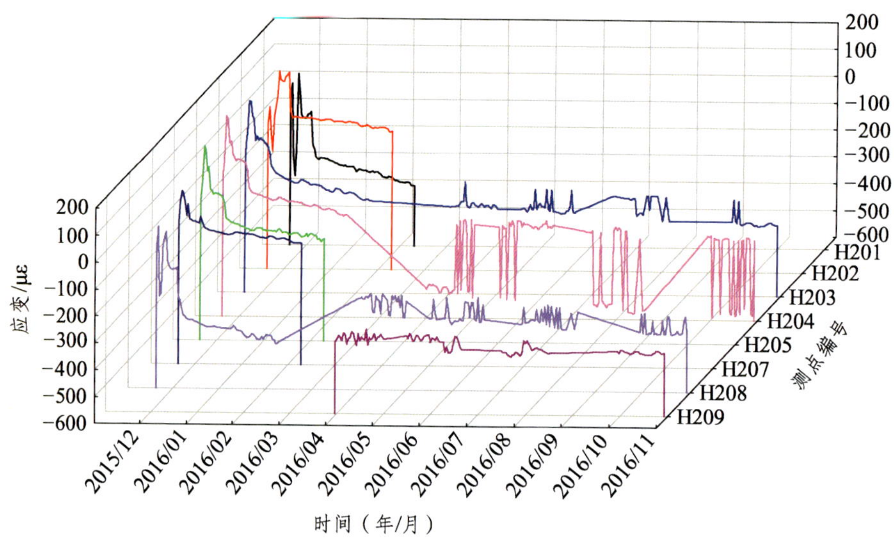

（b）横桥向应变

图 6.4 3/4 跨断面各测点应变

由图 6.4 可见，混凝土箱梁 3/4 跨断面底板的纵桥向和横桥向应变处于不断变化的状态。在箱梁浇筑后，应变波动较大，纵桥向和横桥向主要为压应变但亦出现了拉应变。

预应力钢绞线张拉后，大部分测点纵向压应变陡然增大，变化幅度为 25 ~ 100 με。由于 3/4 跨断面位于钢束弯起段，该变化幅度小于跨中断面。此时，其他测点 Z201 和 Z208 纵向压应变无明显变化。与此同时，测点 H201、H202 和 H208 的横向压应变增大约 100 με，其余测点无明显变化。

箱梁落架之后，由于边界条件改变引起内力重分配，大部分测点纵向压应变出现约 10 με的减小。同时，仅有 H201 和 H208 的横向压应变有约 10 με的减小，其余测点无明显变化。

6.2.3 墩顶箱梁断面应变

墩顶断面各测点应变代表值变化曲线见图 6.5 所示。

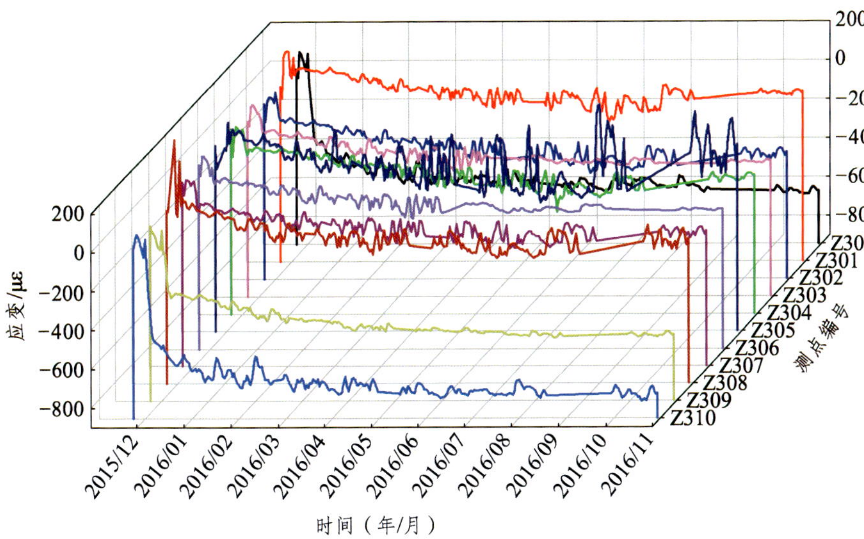

（a）纵桥向应变

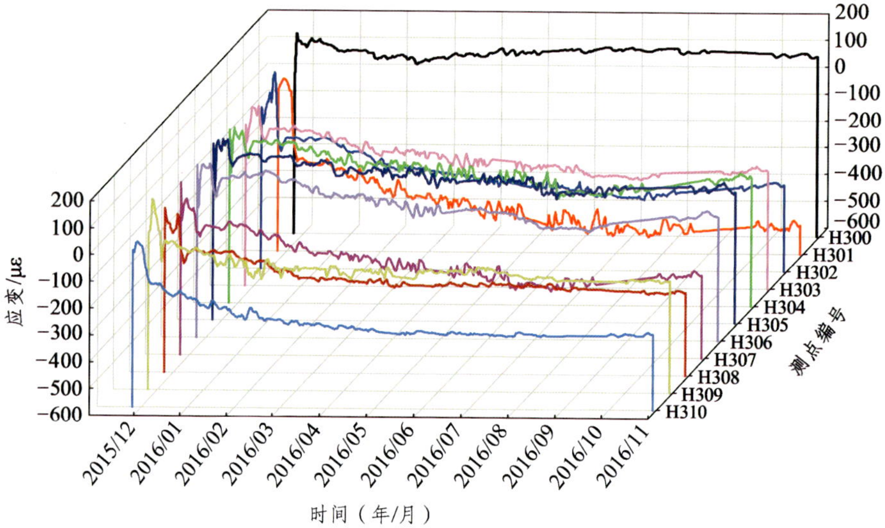

（b）横桥向应变

图 6.5　墩顶断面各测点应变

由图 6.5 可见，混凝土箱梁墩顶断面（中横梁）顶面的纵桥向和横桥向应变处于不断变化的状态。由于实体中横梁大体积混凝土水化放热，纵桥向和横桥向应变有拉有压。

中横梁布置的横桥向和纵桥向预应力钢束张拉之后，11 个测点的纵向压应变增值平均数为 80 με。测点 Z305 和 Z308 的变化最大。11 个测点的横向压应变增值平均数为 100 με。考虑到后期支点处负弯矩较大，钢束配置较多，所以测点 H302 和 H308 的应变增加最大。

现浇支架拆除之后，横桥向出现一定的受拉应变改变，均值为 30 με。由于箱梁弯曲斜交及 9 m 宽大悬臂的特征，内外两个支座之间的中横梁横向应变（42 με）显著大于悬臂段应变（8 με）。

墩顶截面纵向与横向应变的长期趋势均逐渐稳定于某一状态，但伴有特性不一的波动。测点 Z305 纵向应变波动幅值可达 400 με，测点 Z308 和 Z302 次之，而其余测点纵向应变的变化较小。全部测点横向应变的变化幅度均不显著，约为 50 με。

6.2.4 实测数据统计分析

1. 应变比例分析

箱梁结构横向中心处是 5 号腹板，以其为基准分析各腹板对应顶底板的应变增量关系。图 6.6 是各断面其余测点与 5 号测点的应变之比，其中，虚线 E_{max} 是三个测点（曲线内侧 2 ~ 4 号测点或曲线外侧 6 ~ 8 号测点）应变比例最大值的算数平均值，虚线 E_{min} 是最小值的均值。

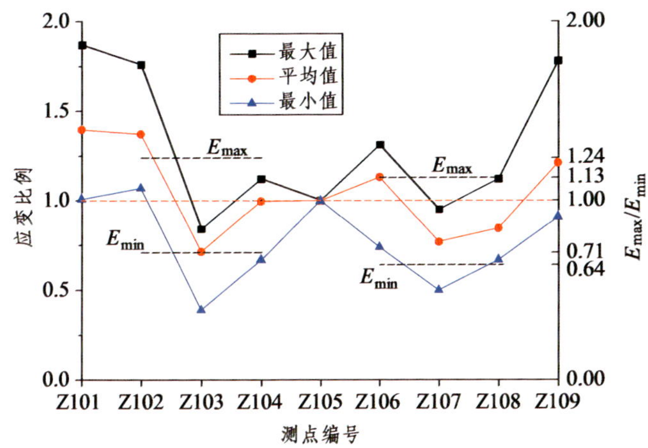

（a）跨中断面纵向应变比例

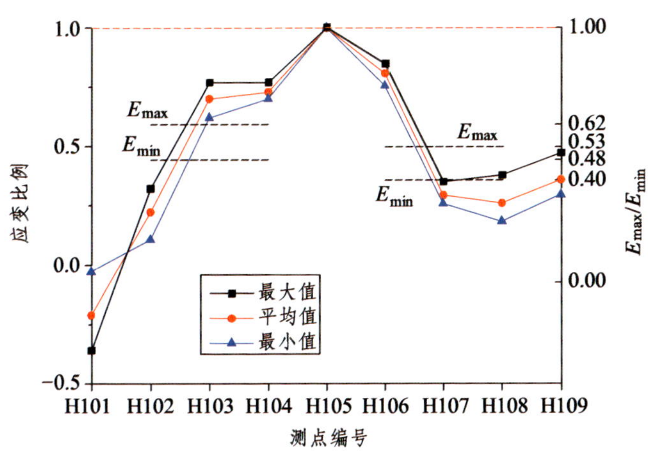

（b）跨中断面横向应变比例

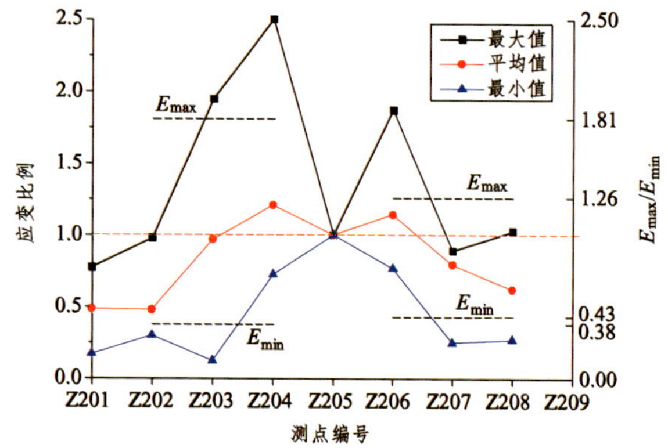

（c）3/4 跨断面纵向应变比例

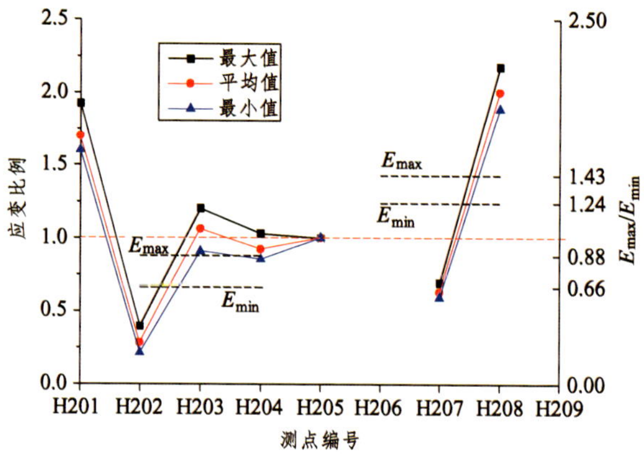

（d）3/4 跨断面横向应变比例

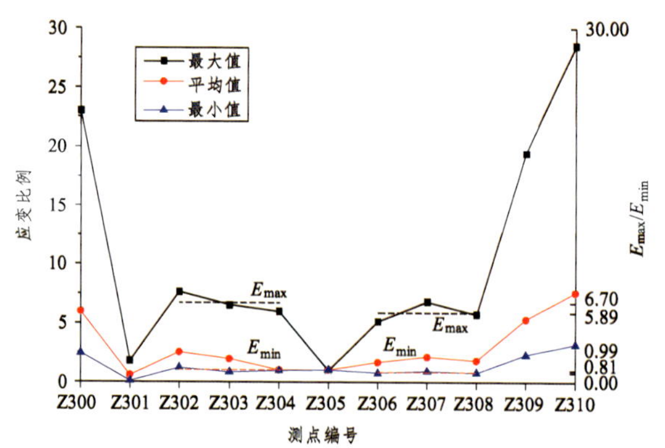

（e）墩顶断面纵向应变比例

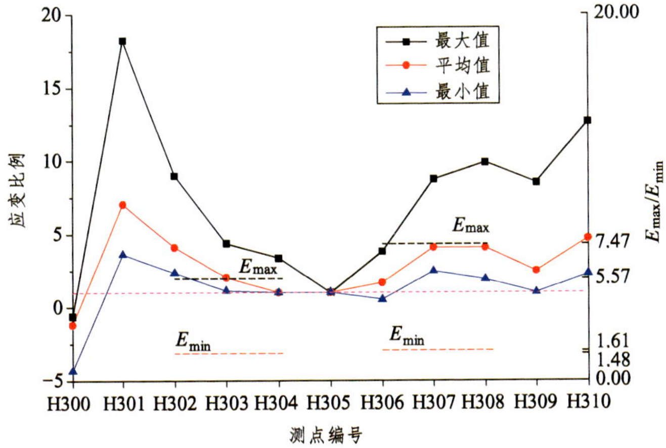

（f）墩顶断面横向应变比例

图 6.6　断面测点应变比例

由图 6.6 可见，跨中断面纵向压应变的比例变化基本呈对称。曲线内侧 $E_{max} = 1.24$，$E_{min} = 0.71$；曲线外侧 $E_{max} = 1.13$，$E_{min} = 0.64$。可见，超大宽度和弯曲影响下的曲线外侧箱室压应变极值平均数比内侧约小 10%。

跨中断面横向应变比例集中在 0 ~ 1。这是因为荷载（包括自重）作用下，54 m 宽的跨中横断面形成了 5 号腹板为“支点”和两侧箱室为“悬臂”的趋势。同一测点的横向应变比例最大与最小值相差很小，这是纵向大刚度腹板承担了较多的荷载效应，以及跨中 30 cm 厚横隔板增加横向联系和协调变形的结果。

3/4 跨断面纵向应变比例大体为对称。曲线内侧 $E_{max} = 1.81$，$E_{min} = 0.38$；曲线外侧 $E_{max} = 1.26$，$E_{min} = 0.43$。可见，某些状态下其余箱室底板压应变均值只有 5 号腹板底部的约 40%。3/4 跨断面横向应变比例与跨中断面差异较大。曲线外侧 $E_{max} = 1.43$ 和 $E_{min} = 1.24$，均大于 1；而曲线内侧 $E_{max} = 0.88$，$E_{min} = 0.66$，均小于 1。

墩顶断面的纵向和横向应变比例具有两个特点：① 最大值显著大于跨中和 3/4 跨断面，是因为桥面非均布外荷载导致墩顶断面 5 号测点负弯矩较大(压应变很小),同时其他测点压应变仍较大。② 平均值靠近最小值,最小值与其他两个断面较为相近。

多数情况下桥面无外载,各测点应变比例主要体现了箱梁宽度和弯曲引起的内力/应力差。

2. 应变数据离散性

在统计描述领域,方差是衡量样本数据离散程度的一种度量。方差越大说明样本间的偏离程度就越大;反之,越小。样本方差计算公式为[52],

$$S^2=\frac{1}{n-1}\sum_{i=1}^{n}(X_i-\bar{X})^2 \tag{1}$$

式中 S^2——样本方差;

X_i——样本数据;

$\bar{X}$——样本均值;

n——样本数量。

根据公式(1)对每个测点应变数据进行方差计算,可得图 6.7。

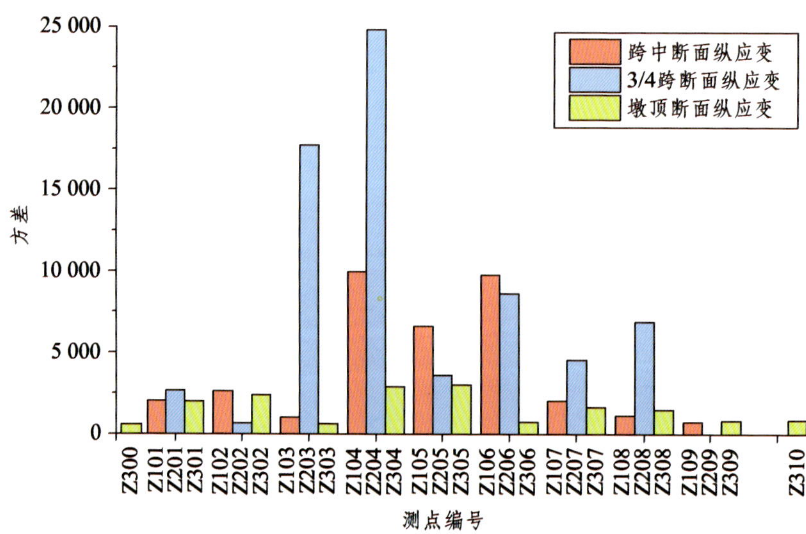

(a)纵向应变数据方差

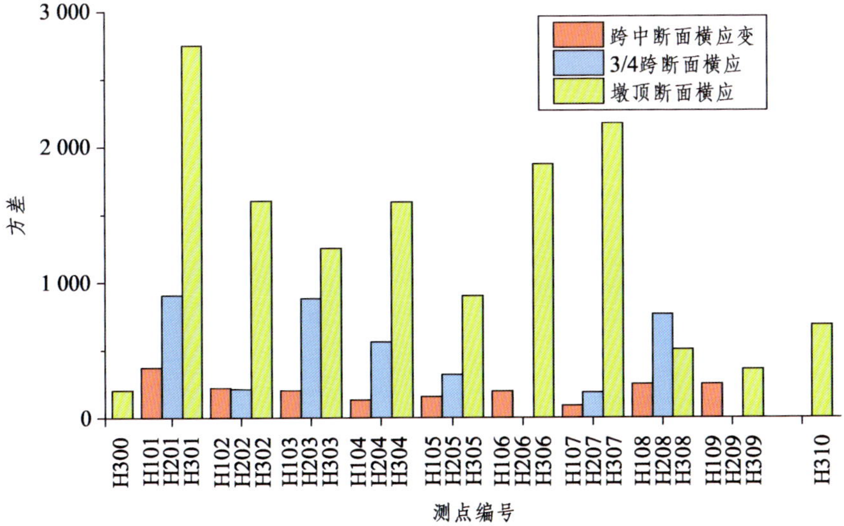

（b）横向应变数据方差

图 6.7　各测点应变数据方差

由图 6.7 可见，3/4 跨断面的纵向应变数据方差较大（最大值为 24 821），跨中断面次之，墩顶断面较小。同一断面各测点的纵向应变方差的差别明显较大，即箱梁中间箱室纵向应变数据的离散程度显著大于两边箱室（曲线内侧和外侧），表明箱梁中部为主要承担活载的区域。

与纵向应变数据方差相比，三个断面的横向应变数据方差均比较小（分布在 91 ~ 2 749），即横向应变的波动变化都比较小。这表示宽幅箱梁仍以纵向承力为主，横向承力为辅。同时，跨中断面和 3/4 跨断面各测点横向应变方差的差异较小，即各测点横向应变离散程度相近。这说明活载横向效应分布比较均匀。但是墩顶断面横向应变数据方差的差异比较大。

3. 应变数据相关性

由于应变数据不满足标准正态分布，采用斯皮尔曼等级相关系数进

行分析。斯皮尔曼等级相关系数是利用两变量的秩次大小作线性相关分析，计算公式为[52]

$$\rho=\frac{\sum_{i=1}^{n}(x_i-\overline{x})(y_i-\overline{y})}{\sqrt{\sum_{i=1}^{n}(x_i-\overline{x})^2}\sqrt{\sum_{i=1}^{n}(y_i-\overline{y})^2}} \tag{2}$$

式中 ρ——斯皮尔曼等级相关系数；

x、y——样本；

$\overline{x}$、$\overline{y}$——样本平均值；

n——样本数量。

5 号腹板位于箱梁径向横断面的对称中心处，可认为 5 号测点数据是同一横断面各测点的代表值。通过计算各测点与 5 号测点数据的相关性，可获知纵向、横向荷载效应分布的距离敏感性。根据公式（2）计算同一断面各测点应变与 5 号测点应变的斯皮尔曼等级相关系数，可得图 6.8。通过双尾显著性检验，显著性水平均为 0.01。

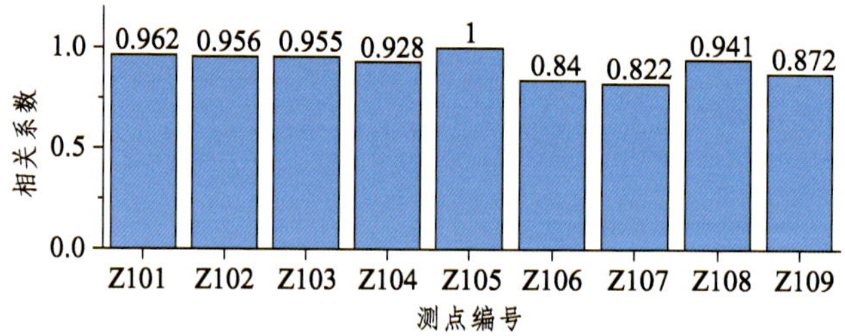

（a）跨中断面纵向应变

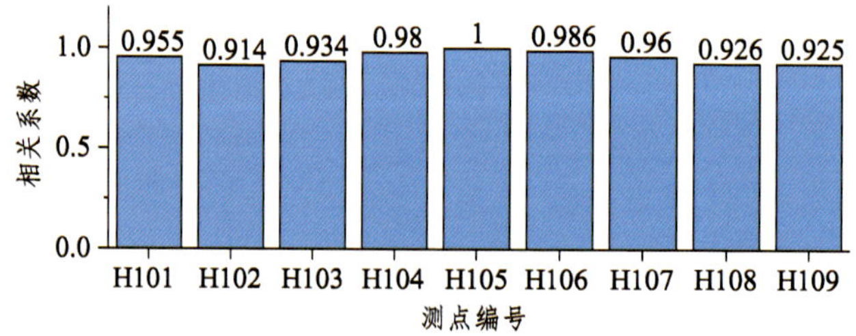

（b）跨中断面横向应变

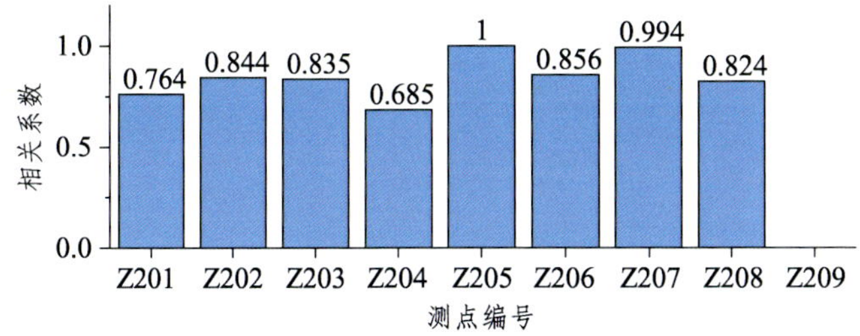

（c）3/4 跨断面纵向应变

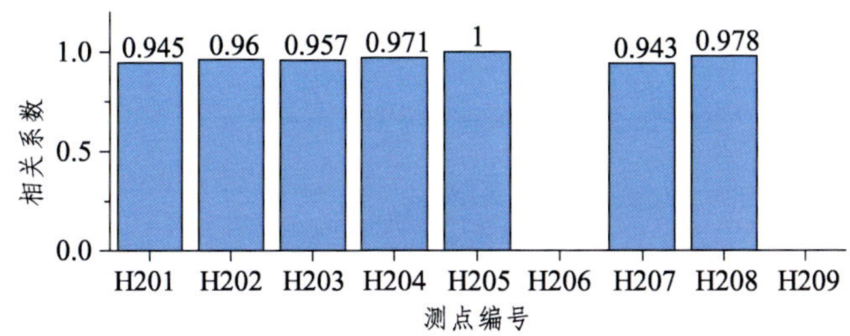

（d）3/4 跨断面横向应变

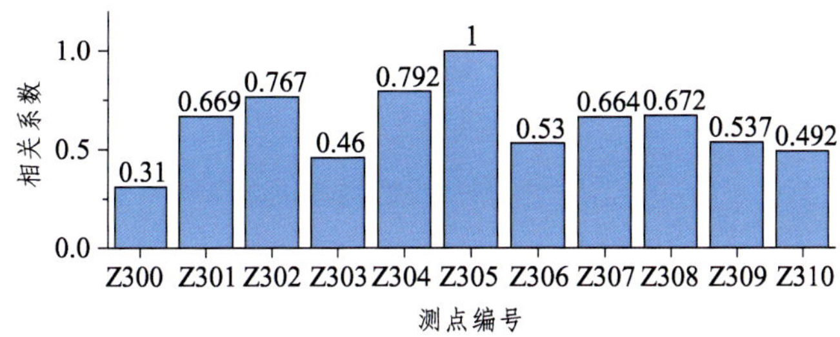

（e）墩顶断面纵向应变

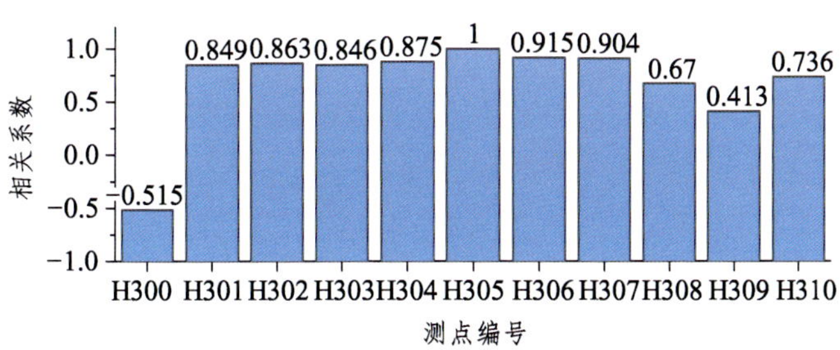

（f）墩顶断面横向应变

图 6.8 各测点与 5 号测点应变的斯皮尔曼等级相关系数

由图 6.8 可见，跨中断面各测点与 5 号测点纵向应变的斯皮尔曼等级相关系数均大于 0.82，横向应变相关系数十分相近且均大于 0.91，均属于高度相关。这表明由于箱室结构及横隔板提供的有利影响，跨中断面荷载效应传递效率高。

3/4 跨断面纵向应变的相关系数分布在 0.69～0.99，横向应变相关系数均大于 0.94，属于高度相关。这说明 3/4 跨断面纵向荷载效应的传递效率不高，而横向荷载效应传递效率很高且均匀。

墩顶断面纵向应变的相关系数差别较大且分布在 0.31～0.79，横向应变相关系数分布在 –0.52～0.92，部分为弱相关。这表明墩顶断面各测点荷载分布的相互影响较弱，亦证明斜交和弯曲特征引起墩顶主梁断面各测点应力分布的差异化和相对独立性。

6.3 超宽斜弯混凝土箱梁挠度

在依托工程整体浇筑完成 20 d 后，进行静力水准仪安装。3 个测试断面都位于第三施工段处，3 个断面的 10 个静力水准仪都位于两个支座中间，断面一和断面二的 4 个静力水准仪安装位置处于曲线外侧的#6～#9 号腹板上。断面三的两个静力水准仪安装位置靠近中横梁，位于曲线外侧的#7、#8 号腹板上，根据现场试验记录的数据分析，位于断面三#8 号腹板上的静力水准仪在工作 5 个月后出现故障。

记录每个静力水准仪的初始数据。在数据采集过程中，每个静力水准仪每隔 20 min 记录一次挠度数据。自动化综合测试系统采集到的挠度数据将会通过 GPRS 传输方式传输到电脑中，记录并保存下来。选取每日凌晨 03:00 的箱梁各测点挠度数据，得到长期挠度变化见图 6.9 所示，向上为正，向下为负。

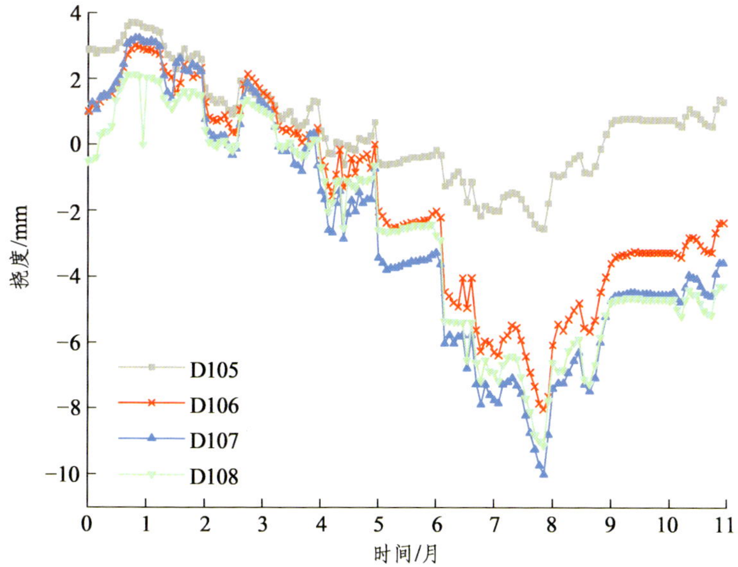

（a）跨中断面

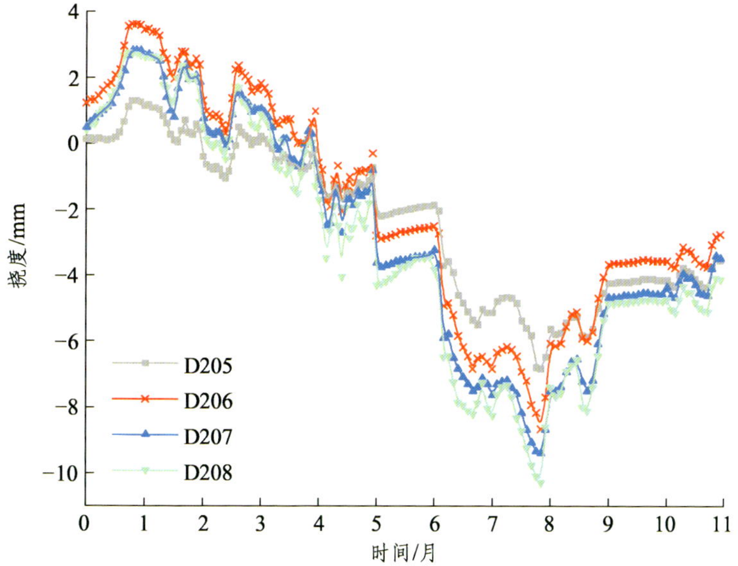

（b）3/4 跨断面

图 6.9 箱梁各测点竖向挠度

由图 6.9 可见，4 个测点的挠度变化曲线特征相似。纵向预应力钢束张拉之后，箱梁跨中和 3/4 跨断面均出现约 4 mm 的小幅上拱。跨中断面测点 D105 ~ D108 的上拱幅度依次减小，这是因为曲线主梁各箱室腹板长度和自重不同导致的。3/4 跨断面测点 D205 的反拱最小，D206 的反拱最大，D206 和 D207 挠度居中且几乎一致。

长期来看，箱梁跨中和 3/4 跨断面各测点逐渐下挠，而后稳定在某一状态。4—8 月出现多次下挠突变，而且曲线外侧测点下挠明显大于内侧。经与现场核实，这是桥面临时堆放航站楼施工材料等引起的。在桥面无堆载的情况下，各测点挠度较为稳定，保持在某一水平。

CHAPTER 7

超宽斜弯混凝土箱梁设计实例

本试验依托工程是重庆江北国际机场东航站区及第三跑道建设工程项目，该项目依据《重庆市人民政府关于认真做好 2014 年市级重点项目有关工作的通知》，2014 年重庆市政府主导重点项目之一渝府发〔2014〕13 号，该项目航站楼 B 匝道第六联～第九联高架桥采用了整体式连续箱梁桥的设计方案，具有超大宽度（横桥向径向宽度 54 m）、斜交（最大斜度 24°）、曲线（圆曲线半径 $R = 227.5$ m）等结构特点。

7.1 桥梁概况

7.1.1 主要技术标准

道路等级：城市快速路。

设计速度：主线——60 km/h；立交匝道——30～40 km/h。

设计荷载：汽车——城-A 级；人群——根据桥梁功能与跨度按相应规范计算值采用。

耐久性设计环境类别：Ⅰ类。

设计基准年限：100 年。

防撞护栏等级：SS 级。

设计洪水频率：均为旱桥。

抗震设防：本工程范围地震基本烈度为Ⅵ度，设计基本地震加速度值为 0.05g。根据规范及相关规定，桥梁按Ⅶ度构造设防。

桥面标准宽度：在保证车道宽度和路缘带宽度后再在其外布置防撞护栏或人行道。B 匝道桥（航站楼侧）：0.5 m（护栏）+ 2.5 m（人行道）+ 11 m（车行道）+ 4 m（人行道）+ 11 m（车行道）+ 4 m（人行道）+ 11 m（车行道）+ 9.5 m（人行道）+ 0.5 m（护栏）= 54.0 m。

桥下净空：上跨道路一般 ≥ 5 m。

桥面铺装：纤维增强型防水层 + 10 cm 沥青混凝土面层。

7.1.2 桥型方案

B 匝道桥为航站楼离港的主要通道，该桥平面位于半径 $R = 200$ m 的圆曲线、直线、半径 $R = 227.5$ m 的圆曲线、直线、半径 $R = 240$ m 的圆曲线上，纵坡为 5.0%、2.57%、0.00%、－2.48%、－5.00%，桥梁全长 1 586.08 m。

桥梁孔跨布置为（25 + 30 + 25）m + 3 × 30 m + 4 × 30 m +（37 + 40 + 37 + 37）m + 3 × 34 m（变宽）+（30 + 48 + 37 + 37）m（第六联）+（2 × 27.5 + 25.5 + 31.5 + 25.5）m（第七联）+（20 + 20 + 20 + 20 + 20）m（第八联）+（29 + 46 + 29）m（第九联）+ 3 × 31.5 m（变宽）+ 3 × 25 m + 4 × 30 m + 3 × 30 m + 2 ×（25 + 30 + 25）m。孔跨长度取自道路中心里程。

B 匝道第六联～第九联高架桥的桥面布置为 0.5 m（护栏）+ 2.5 m（人行道）+ 11 m（车行道）+ 4 m（人行道）+ 11 m（车行道）+ 4 m（人行道）+ 11 m（车行道）+ 9.5 m（人行道）+ 0.5 m（护栏）= 54.0 m。该部分桥梁依次上跨城铁车站、货运通道、地铁与航站楼联系通道、货运通道、地铁。

B 匝道桥全桥采用预应力混凝土连续箱梁。综合考虑了桥位处地理情况和建筑美观协调性，该桥在 54 m 宽部分采用预应力混凝土等高度鱼腹式箱梁，中心梁高 2.8 m；桥墩均采用圆角矩形柱式墩，挖孔桩或承台接桩基础，墩径为 2.2 m × 2.2 m 和 2.5 m × 2.5 m；支承处设置为三支点支承，支承点连线一般为径向，受条件限制的地方，支承点连线同样位于同一直线上，其中在跨越地铁车站处设置 48 m 主跨［该联跨度组合为（30 + 48 + 37 + 37）m］。

B 匝道第八联是桥跨布置 5 × 20 m 的预应力混凝土连续箱梁，平面位于半径 $R = 227.5$ m 的圆曲线上。箱梁顶底板平行竖向高 280 cm，顶板厚 30 cm，底板厚 30 cm，腹板水平厚 50 cm，端横隔梁为宽 210 cm 的实体，中横隔梁宽度 250 cm，其标准横断面如图 7.1 所示。

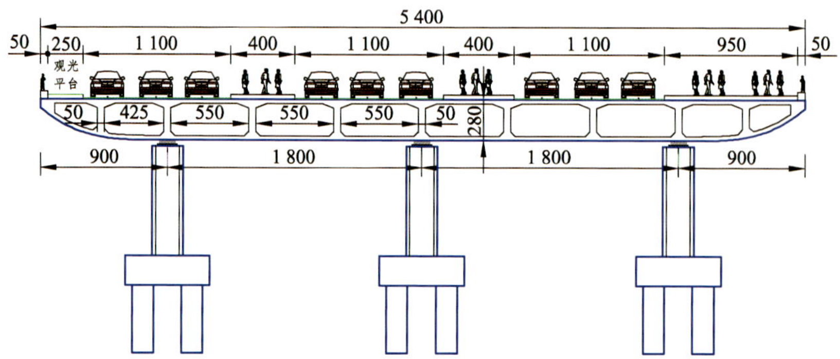

图 7.1 标准横断面

梁体从大里程侧向小里程侧逐孔搭架现浇施工，全联在第二跨和第四跨共设 2 道施工缝，施工缝均设置在距支承中心线 5 m 的位置，施工缝和其邻近横隔板与相邻桥墩中心线平行设置。

7.1.3 主梁设计参数

54 m 宽箱梁主梁高 2.8 m，顶板厚度从 0.5 m 经过倒角过渡逐渐变为 0.3 m，底板厚度从 0.5 m 经过倒角过渡逐渐变为 0.3 m，腹板厚度从 0.9 m 经过倒角过渡逐渐变为 0.5 m，具体的尺寸可参照图 7.2。箱梁横截面两端采用鱼腹式，具体尺寸和曲线坐标见图 7.3 和表 7.1。

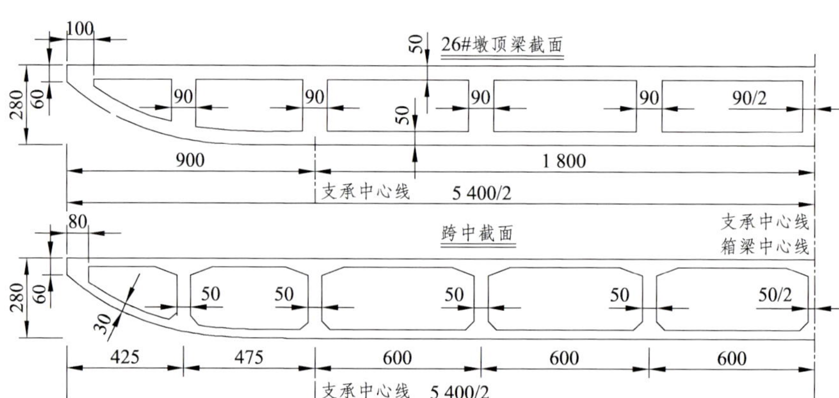

图 7.2 箱梁断面示意（单位：cm）

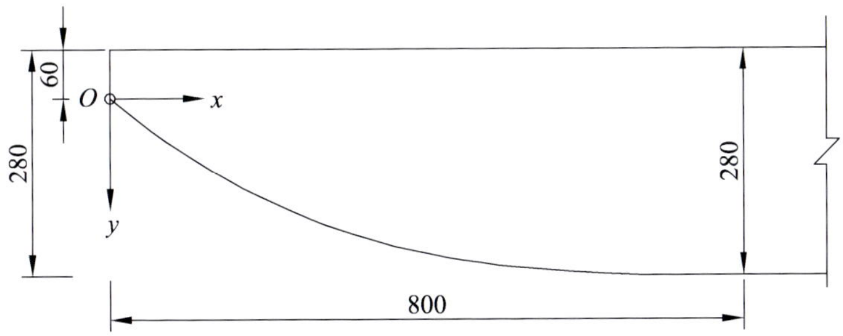

图 7.3　箱梁外侧鱼腹板示意（单位：cm）

表 7.1　箱梁外侧鱼腹板坐标数据（单位：m）

x	y	x	y	x	y	x	y
0.00	0.000	2.00	1.272	4.00	1.925	6.00	2.166
0.20	0.161	2.20	1.362	4.20	1.964	6.20	2.175
0.40	0.314	2.40	1.445	4.40	2.00	6.40	2.182
0.60	0.459	2.60	1.523	4.60	2.031	6.60	2.188
0.80	0.596	2.80	1.596	4.80	2.059	6.80	2.193
1.00	0.726	3.00	1.663	5.00	2.084	7.00	2.196
1.20	0.849	3.20	1.725	5.20	2.106	7.20	2.198
1.40	0.965	3.40	1.782	5.40	2.124	7.40	2.199
1.60	1.074	3.60	1.834	5.60	2.141	7.60	2.200
1.80	1.176	3.80	1.882	5.80	2.154	7.80	2.200

B 匝道桥第八联高架桥的桥墩均采用圆角矩形柱式墩，挖孔桩或承台接桩基础，桥墩的直径分别有 2.2 m × 2.2 m 和 2.5 m × 2.5 m 两种，三支点支承。B 匝道桥共有 3 条宽 11 m 的行车道、两条宽 4 m 的人行道、一条宽 10 m 的人行道和一条宽 3 m 的观光平台。

7.2 计算资料

7.2.1 计算依据

1. 计算要点

（1）设计安全等级：一级。

（2）按部分预应力 A 类构件计算。

（3）预应力张拉控制值 $\sigma_{con}=0.72$，$f_{pk}=1\ 340$ MPa，混凝土强度达100%时方可张拉预应力钢筋。

（4）环境平均相对湿度为 70%。

（5）设计荷载：城-A 级。

（6）桥面宽度：全宽 54 m，0.5 m（护栏）+ 2.5 m（人行道）+ 11 m（车行道）+ 4 m（人行道）+ 11 m（车行道）+ 4 m（人行道）+ 11 m（车行道）+ 9.5 m（人行道）+ 0.5 m（护栏）。

2. 主要规范

（1）《城市桥梁设计规范》（CJJ 11—2011）;

（2）《公路桥涵设计通用规范》（JTG D60—2004）;

（3）《公路钢筋混凝土及预应力混凝土桥涵设计规范》（JTG D62—2004）。

3. 主要材料指标

（1）混凝土：采用 C50 混凝土；

（2）钢筋：采用 HRB400，$f_{sk}=400$ MPa，$E_p=2.0\times10^5$ MPa；

（3）预应力钢筋：采用低松弛钢绞线 ϕ^s 15.2，$f_{pk}=1\ 860$ MPa，$E_p=1.95\times10^5$ MPa。

7.2.2 荷载工况

1. 静力荷载工况

一期恒载：钢筋混凝土容重取 26 kN/m^3。

二期恒载：主要包括护栏、人行道及桥面铺装，容重取 26 kN/m^3。

混凝土收缩徐变：混凝土收缩徐变时间取 3 年，近似取 1 000 d。

预应力荷载：预应力钢束张拉控制应力 1 340 MPa，单端张拉。

整体变温：整体升温 20 °C，整体降温 20 °C。

竖向梯度温度：箱梁竖向梯度温度依据《公路桥涵设计通用规范》（JTG D60—2004）第 4.3.10 条取用。

2. 移动荷载工况

汽车荷载等级：城-A 级。

冲击系数：依据《公路钢筋混凝土及预应力混凝土桥涵设计规范》（JTG D62—2004）第 4.3.2 取用。

3. 荷载工况组合

依据《公路桥涵设计通用规范》（JTG D60—2004）组合，采用最不利荷载工况组合对桥梁结构进行设计和计算。

7.3 梁格法模型计算

7.3.1 梁格法模型

1. 单元类型

基于梁格法有限元模型，分析超宽斜弯连续箱梁受力情况，因此在 midas Civil 中采用梁单元类型。

2. 纵横向梁格划分

依托工程箱梁为单箱十室，采用从各室腹板对中切开来划分的分割方式。虽然各工字梁的中性轴与箱梁截面中性轴不在同一直线上，但误差可接受。如图 7.4 所示，将其纵向分割称为 11 根单独构件。

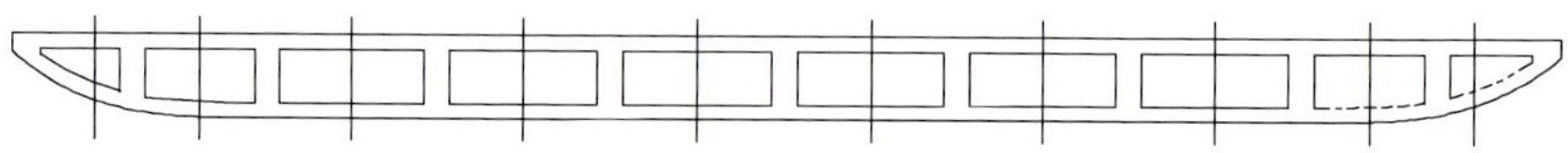

图 7.4 箱梁纵向分割示意

梁格法模型需要设置横向构件，在箱室部位处设置虚拟横梁。在一些内力变化较大的地方，如腹板、横梁、顶底板变厚处或支承附近应适当进行加密处理。本箱梁的梁格网络由纵梁、横隔板、墩顶横梁、虚拟横梁组成，如图 7.5 所示。

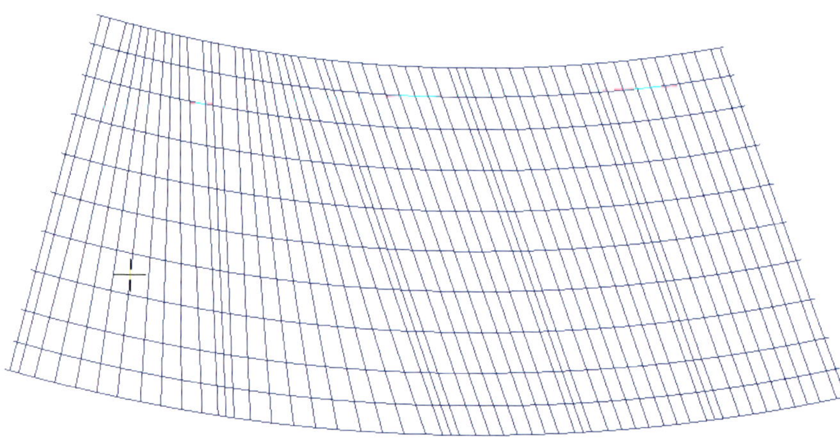

图 7.5 箱梁梁格示意

3. 支座约束条件

依托工程共有 6 道墩顶横梁，编号分别为 26#～31#，各个横梁中支点约束圆弧径向及竖向位移，两侧支点约束竖向位移，30#横梁中支点处约束圆弧切向位移。箱梁各支座位置和编号如图 7.6 所示。

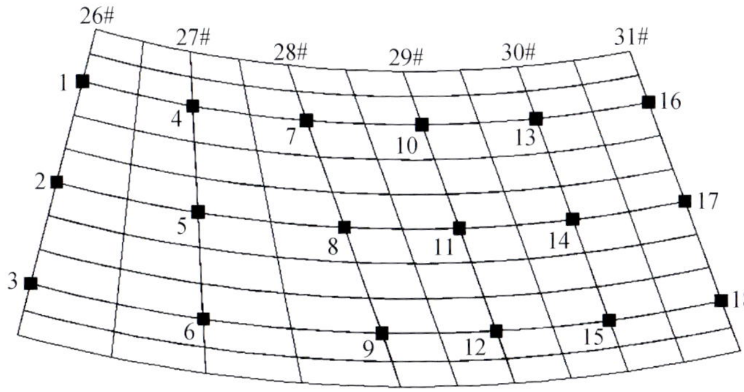

图 7.6 箱梁支座位置编号示意

箱梁各支座的约束情况如表 7.2 所示。

表 7.2 箱梁支座约束情况

编号	Dx	Dy	Dz	Rx	Ry	Rz	编号	Dx	Dy	Dz	Rx	Ry	Rz
1	√	√	×	√	√	√	10	√	√	×	√	√	√
2	√	×	×	√	√	√	11	√	×	×	√	√	√
3	√	√	×	√	√	√	12	√	√	×	√	√	√
4	√	√	×	√	√	√	13	√	√	×	√	√	√
5	√	×	×	√	√	√	14	×	×	×	√	√	√
6	√	√	×	√	√	√	15	√	√	×	√	√	√
7	√	√	×	√	√	√	16	√	√	×	√	√	√
8	√	×	×	√	√	√	17	√	×	×	√	√	√
9	√	√	×	√	√	√	18	√	√	×	√	√	√

注：① 表中图形√表示打开此方向的自由度，图形×表示约束此方向的自由度。
② D 指平动，R 指转动。

4. 预应力钢筋分布情况

本模型中同时考虑纵向、横向预应力钢束作用，预应力钢束的张拉需等到混凝土浇筑完成后，混凝土的强度达到设计强度的 100%。钢束均采用高强度低松弛的 ϕ^s 12 mm ~ ϕ^s 15.2 mm 钢绞线，强度为 1 860 MPa，钢束的张拉控制应力均为 1 340 MPa，纵向预应力钢束采用单端张拉，横向预应力钢束采用双端张拉。图 7.7 是箱梁预应力钢束布置示意。

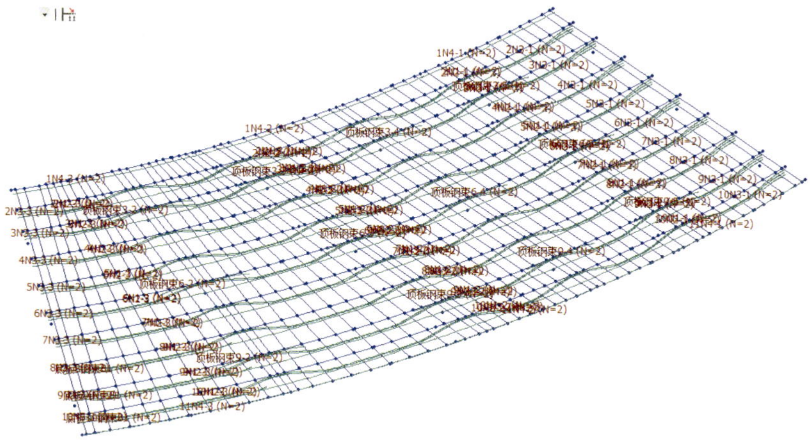

（a）纵向预应力钢束

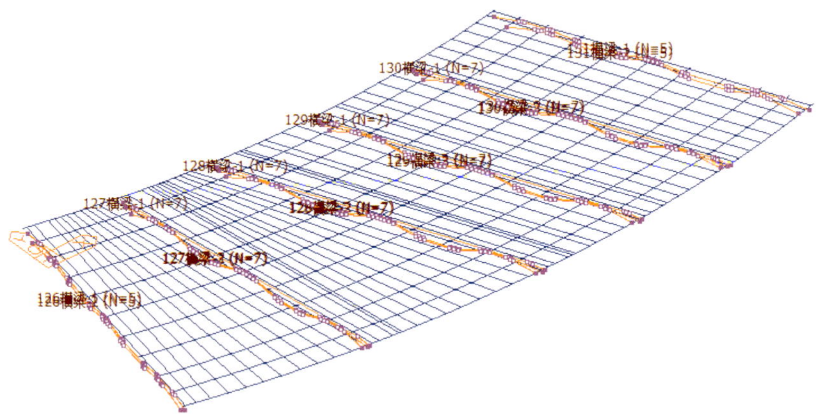

（b）横向预应力钢束

图 7.7 梁格模型预应力钢束示意

7.3.2 超宽斜弯箱梁反力

在本模型梁格划分中，将箱梁桥横桥向划分为十一个部分，横桥向各腹板编号从曲线内侧到外侧依次为 1#、2#⋯11#，30#墩至 31#墩为宽箱梁第一跨，依次类推。基于梁格模型计算结果，分析超宽斜弯连续箱梁的支座反力、挠度、纵横桥向应力分布规律。

1. 自重荷载工况

箱梁浇筑完成后，箱梁自重作用（不考虑二期恒载）下各支座反力如图 7.8 所示。26#～31# 6 个桥墩上各布置 3 个支座，共 18 个支座，曲线内侧、曲线中间、曲线外侧各有 6 个支座。

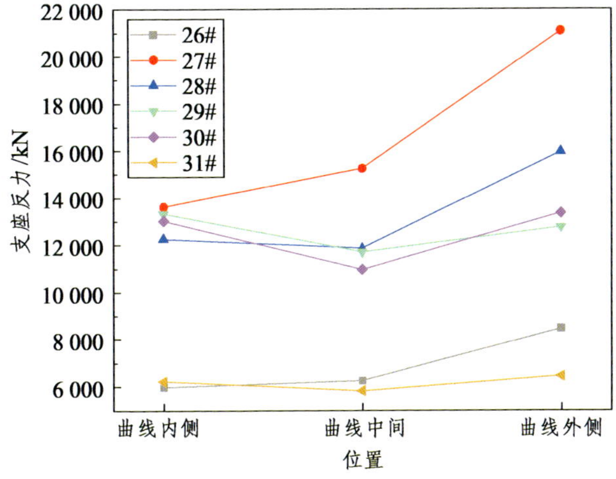

（a）支点反力横向变化

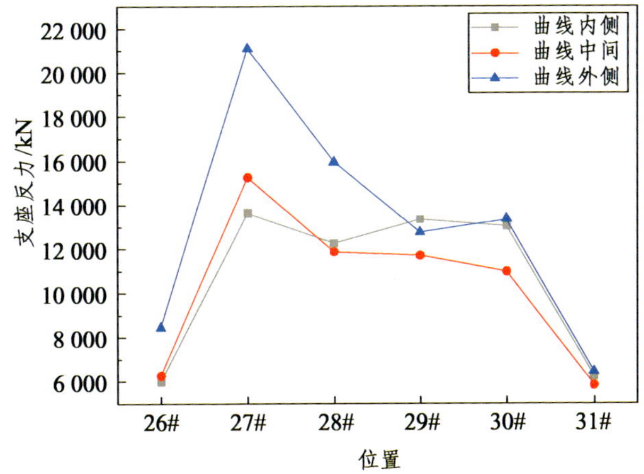

（b）支点反力纵向变化

图 7.8 自重作用支座反力

由图 7.8（a）可见，26#和 31#桥墩的各支座反力处于 6 000～8 000 kN，而中横梁上支座反力处于 11 000～21 000 kN，即边横梁上支座反力普遍低于中横梁处支座反力。由于此箱梁为曲线箱梁，加上横梁的布置，导致曲线内外跨度发生改变，使得 27#桥墩上各支座反力均高于其他桥墩，位于曲线外侧的支座反力达到 21 000 kN，且支座反力变化幅度较大，而 31#桥墩各支座反力变化幅度较小。

由图 7.8（b）可见，边横梁上支座反力普遍低于中横梁处支座反力，曲线外侧 6 个支座处的支座反力普遍高于内侧支座，且变化幅度同样高于内侧支座。从纵桥向分析，由于跨度的影响，相比位于曲线外侧的各支座，曲线内侧和曲线中间的 26#～27#、27#～28#、30#～31#桥墩支座反力变化幅度较为明显，而对于余下部分，即 28#～29#、29#～30#桥墩支座反力变化较为平缓。

2. 移动荷载工况

箱梁浇筑完成后，考虑预应力钢束、二期恒载、人群荷载、车辆荷载等作用，得到箱梁在运营阶段下各支座反力，见图 7.9 所示。

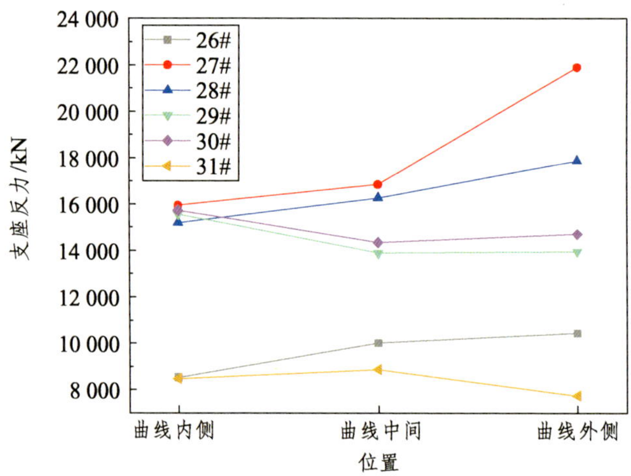

（a）支点反力横向变化

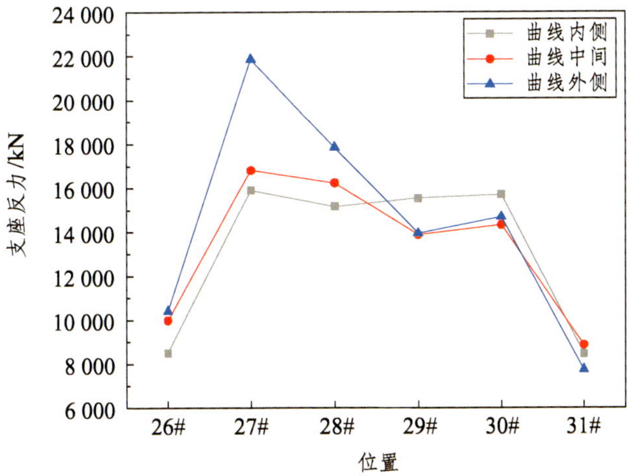

（b）支点反力纵向变化

图 7.9　活载作用支点反力

从图 7.9（a）可以看出，26#和 31#桥墩的各支座反力处于 8 000 ~ 11 000 kN，而中横梁上支座反力处于 13 000 ~ 22 000 kN，即边横梁上支座反力普遍低于中横梁处支座反力。由于曲线内外跨度不同，致使 27#桥墩上各支座反力均高于其他桥墩，此处位于曲线外侧支座的支座反力达到 22 000 kN，且支座反力变化幅度较大，而其他桥墩上各支座反力变化幅度相对较小。29#、30#、31#桥墩上曲线外侧支座反力低于曲线内侧，呈现减小趋势，而 26#、27#、28#桥墩上曲线内侧至外侧支座反力呈现增大趋势。

图 7.9（b）为在移动荷载作用下 3 条不同曲线上支座反力纵向变化图。边横梁上支座反力普遍低于中横梁处支座反力，位于曲线外侧 26#、27#、28#桥墩上支座的支座反力高于内侧支座，且变化幅度同样高出内侧支座。从纵桥向分析，由于跨度的影响，位于曲线内侧各支座的 26# ~ 27#、30# ~ 31#桥墩支座反力变化幅度较为明显，而对于 27# ~ 28#、28# ~ 29#、29# ~ 30#桥墩，支座反力变化较为平缓。

箱梁在运营阶段各支座反力高于自重作用下 1 000 ~ 2 000 kN，箱梁各支座反力纵、横桥向变化规律大体相同，边横梁上支反力普遍低于中横梁处支座反力，曲线外侧支座反力高于曲线内侧，在 27#、28#桥墩处表现较为明显。

7.3.3 超宽斜弯箱梁挠度

1. 自重荷载工况

在梁格模型计算结果中，不考虑预应力钢束和二期荷载等作用，得到在自重作用下跨中断面处的腹板挠度数据，如图 7.10 所示。

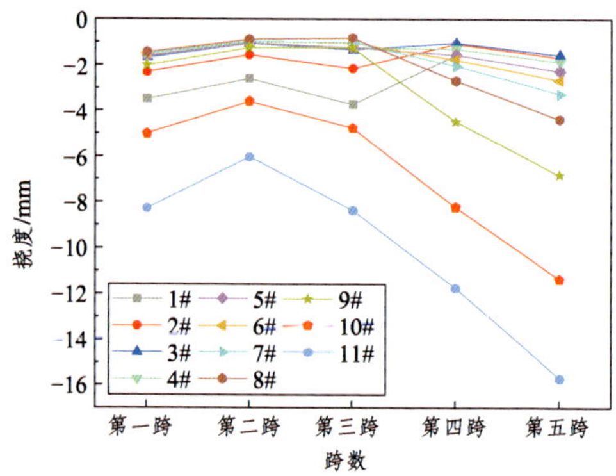

（a）挠度纵向变化

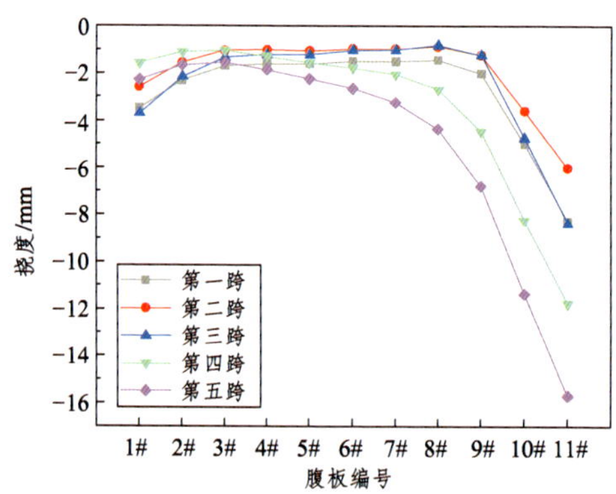

（b）挠度横向变化

图 7.10 自重作用下跨中挠度变化示意

由图 7.10（a）可见，由于 1#、2#、10#、11#腹板位于箱梁曲线内外两侧的悬臂端，此处箱梁挠度大于曲线中间，且 11#腹板跨中位置处挠度值较大，存在严重的下挠现象。1#、2#腹板跨中位置处挠度值从第一～五跨呈现先减小后增大而后又减小的趋势，在第三跨跨中出现挠度最大值。8#、9#、10#、11#腹板跨中位置处挠度值从第一～五跨呈现先减小后增大的趋势，且在第五跨跨中位置处达到最大值，说明在第四、五跨中处，越靠近曲线外侧箱梁下挠问题越严重。位于中间 3#～7#腹板跨中位置处挠度值变化幅度较小，约 2 mm。

由图 7.10（b）可得，每跨跨中挠度变化规律大体相同，曲线两侧挠度变化幅度相对曲线中间较大，且曲线外侧挠度变化幅度远大于曲线内侧，内外侧挠度差值可达 14 mm，说明曲线外侧下挠问题更为严重。第一～三跨跨中挠度在 3#～8#腹板间变化较为平缓。

第四、五跨 2#～6#腹板处的挠度基本呈线性小幅递增，6#～10#腹板处的挠度为急剧增大，其原因是宽幅曲线箱梁引起的横桥向扭矩和弯矩共同作用。支座上方的 8#腹板刚度相对较大，横桥向扭矩导致悬臂段 9#与 10#腹板处的挠度增幅最大，曲线外侧（10#腹板）挠度达到箱梁中心（5#腹板）挠度的 6 倍。2#～0#腹板处的挠度呈小幅增加，不符合横桥向扭矩引起曲线内侧上挠的特征，这是因为位于 9 m 宽悬臂段的 1#与 0#腹板自重弯矩较大，同时横桥向三个支座及 24 m 超大支座横向间距影响了扭矩的作用效应。

2. 移动荷载工况

考虑预应力钢束、二期恒载、人群荷载、车辆荷载等作用，选取与前文相同位置处的挠度数据，得到箱梁在运营阶段下跨中挠度曲线，如图 7.11 所示。

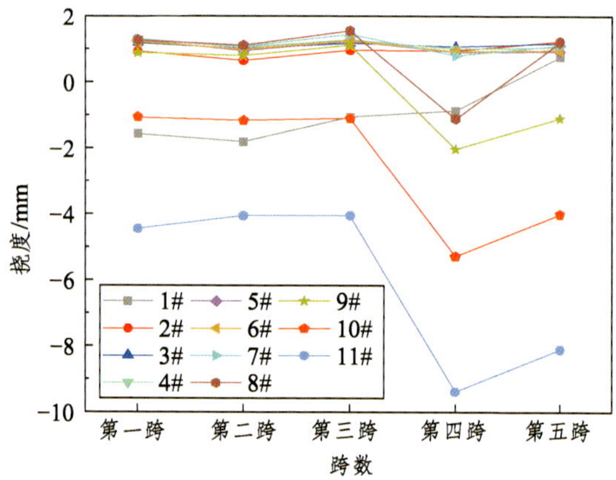

（a）挠度纵向变化

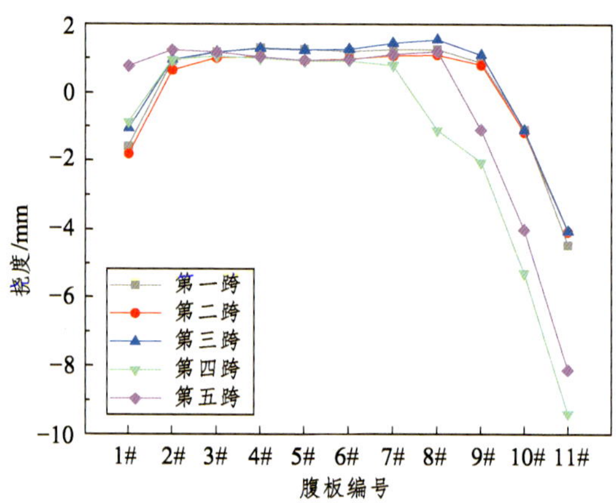

（b）挠度横向变化

图 7.11 活载作用下跨中挠度变化示意图

由图 7.11（a）可见，8#、9#、10#、11#腹板跨中位置处挠度变化规律相同，第一、二、三跨跨中处变化幅度较为平稳，第四、五跨跨中位置处挠度值变化幅度较大，变化差值可达 4 mm，且在第四跨跨中位置处出现最大挠度值约为 9.8 mm，曲线外侧存在严重的下挠现象。2#～7#腹板跨中位置处挠度变化较小，第一～五跨跨中挠度基本相同，由于预应力钢束张拉作用，导致此处呈现上拱趋势，上拱幅度约为 1 mm。

从图 7.11（b）可以看出，每跨跨中挠度变化规律大体相同，箱梁跨中挠度在曲线两侧腹板变化较大，而曲线中间各腹板处挠度变化较为平稳，且曲线外侧挠度变化幅度远大于曲线内侧，内外侧挠度差值可达 8 mm。第一～三跨跨中挠度在 2#～8#腹板间变化较为平缓，在 9#～11#腹板间呈现增大趋势；第四、五跨跨中挠度在 2#～7#腹板间变化较为平缓，随后呈现逐渐增大趋势，且越靠近曲线外侧挠度变化速率越大，说明曲线外侧下挠问题更为严重。

由于预应力钢束的作用，导致箱梁整体挠度有明显的回升现象，回升幅度约为 3～6 mm，曲线外侧挠度最大回升幅度值达 8 mm。箱梁第五跨跨中挠度在曲线中间部分变化较为平缓，在曲线两侧挠度变化幅度较大，且曲线外侧挠度变化普遍较大。

7.3.4 超宽斜弯箱梁应力

1. 箱梁跨中截面应力

考虑预应力钢束、二期恒载等作用，选取跨中 11 道腹板位置处的应力数据，得到箱梁在运营阶段下跨中纵桥向应力变化曲线，如图 7.12 所示。

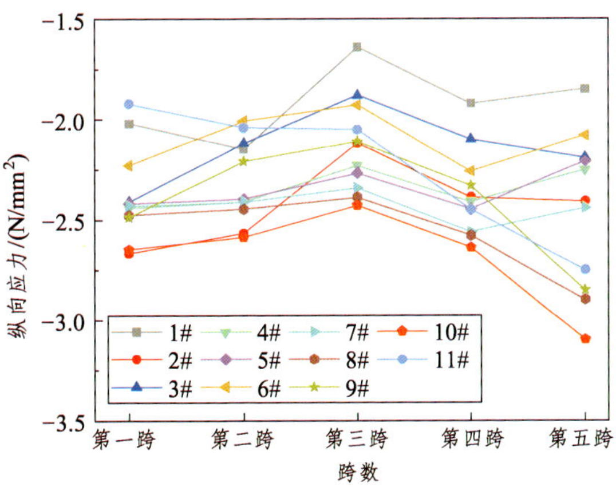

（a）纵向应力变化

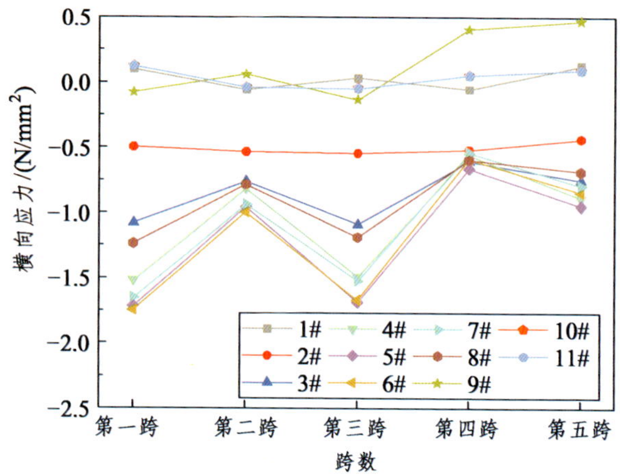

（b）横向应力变化

图 7.12 活载作用下跨中截面纵桥向应力

从图 7.12（a）可以看出，各点的纵向应力变化规律大体相同。跨中位置 4#、5#、6#、7#腹板处纵向应力在前三跨逐渐减小，随后在第四跨突然增大，而后减小，其他腹板处纵向应力先减小后增大，第五跨跨中位置纵向应力较大。整体上跨中纵向应力变化幅度较小，且纵向应力在 2 ~ 3 MPa 变化。

由图 7.12（b）可见，1#、2#、9#、10#、11#腹板处跨中横向应力变化幅度较小，变化幅度小于 0.5 MPa。3# ~ 8#腹板处跨中横向应力变化较为明显，变化幅度可达 1 MPa。

图 7.13 是运营阶段跨中断面横桥向应力。各点的纵向应力变化规律大体相同，跨中位置上曲线内侧（1#腹板）、支座处（3#、6#、9#腹板）、曲线外侧（11#腹板）纵向应力小于其他腹板处纵向应力，各点纵向应力变化幅度不超过 1 MPa。各点的横向应力变化规律大体相同，第一跨与第三跨跨中横向应力高于其他三跨，且各点曲线中间的横向应力变化幅度较大，在中间部位达到最大，而其他三跨曲线中间跨中横向应力变化较为平缓。

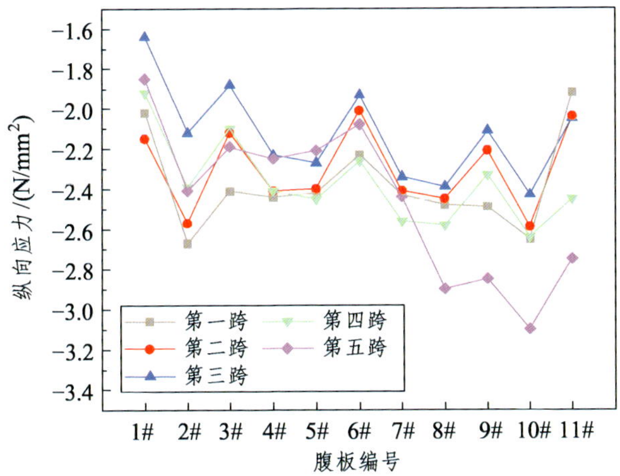

（a）纵向应力变化

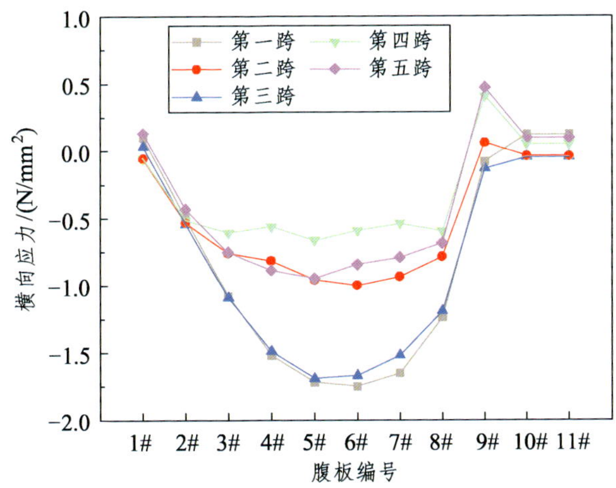

（b）横向应力变化

图 7.13 活载作用下跨中截面横桥向应力

第一跨（位于 31#墩与 30#墩之间）结构的主要特点是超宽与斜交，第五跨（位于 27#墩与 26#墩之间）的主要特点是超宽与曲线。图 7.14 是第一跨和第五跨主梁跨中截面腹板处底板的纵、横向应力。

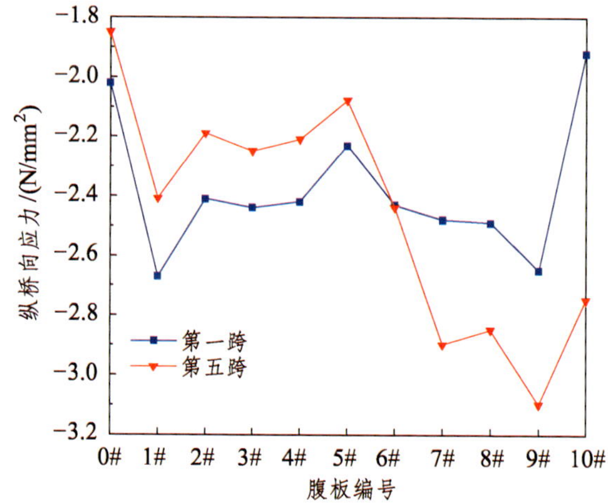

（a）纵桥向应力

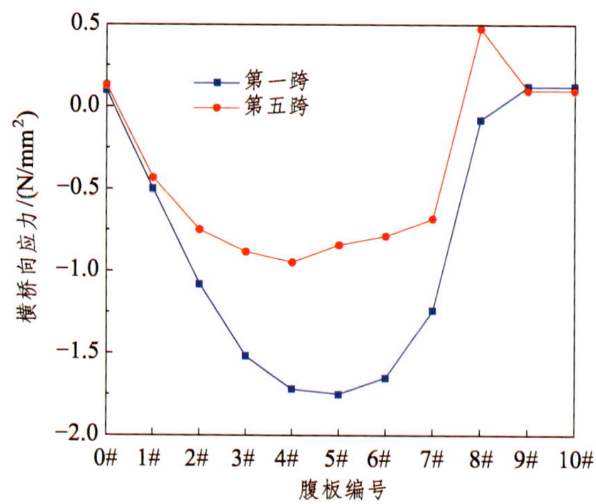

（b）横桥向应力

图 7.14 跨中截面底板应力

由图 7.14 可见，第一跨和第五跨的 0#～5#腹板处底板的纵桥向应力变化规律比较相似，这是因为第五跨圆曲线半径增大幅度与第一跨斜交跨度尚为相近。从 6#～10#腹板，第五跨圆曲线半径继续增大，而第一跨斜交跨度保持不变，导致二者纵桥向应力的差距逐渐加大。

在超大桥宽和横桥向悬臂的影响下，箱梁中心线周围区域的横桥向压应力显著大于其余部位，横断面各点应力连线近似一条抛物线。第一跨基本属于规则的平行四边形斜桥，因此箱梁中心线两侧的应力对称性比较明显。从曲线内侧至外侧第五跨各道腹板的跨径逐渐增大，自重增量引起的底板横桥向拉应力抵消了部分压应力，所以第五跨压应力小于第一跨。

2. 横梁应力

考虑预应力钢束、二期恒载、人群荷载、车辆荷载等作用，选取横梁上十一道腹板位置处的应力数据，得到箱梁在运营阶段下横梁纵桥向应力，如图 7.15 所示。各点的纵向应力变化规律大体相同，从纵桥向分析，横梁曲线内外两侧腹板纵向应力变化幅度较大，而其他腹板处纵向应力变化较为平缓，且纵向应力在 1 ~ 2 MPa 变化。由于在横梁位置布置横向预应力钢束的影响，导致横梁各点的横向应力变化规律大体相同，从纵桥向分析，边横梁位置处各腹板横向应力变化较为明显，变化幅度达 3 MPa，中横梁之间横向应力变化较为平缓，基本相同。

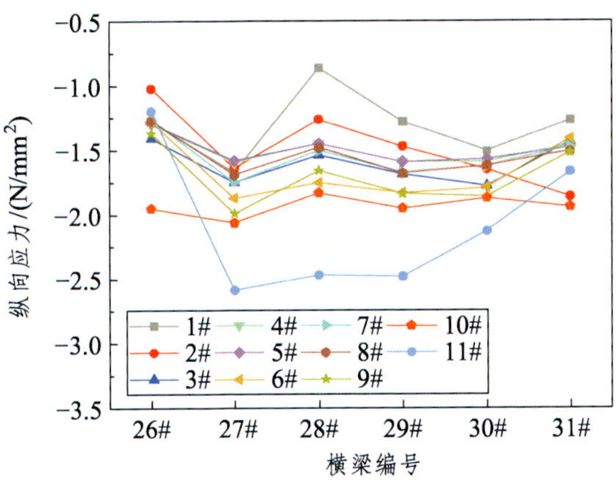

（a）纵向应力变化

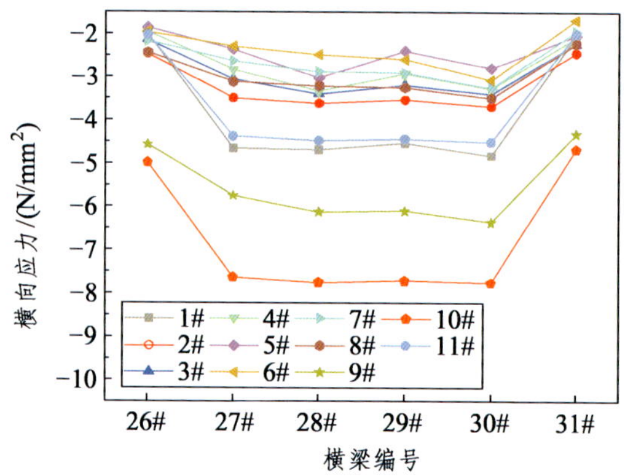

（b）横向应力变化

图 7.15　活载作用下横梁纵桥向应力

图 7.16 是横梁的横桥向应力图。各点的纵向应力变化规律大体相同，中横梁上曲线外侧纵向应力较大，曲线内侧纵向应力较小，且纵向应力从曲线内侧至外侧基本呈现增大趋势，在支座处纵向应力有突变，整体上纵向应力大小为 1 ~ 3 MPa。边横梁上曲线内外侧纵向应力有明显变化，而曲线中间各腹板处纵向应力变化较为平稳，在 1.4 MPa 浮动。各点的横向应力变化规律大体相同，边横梁上各点横向应力普遍小于中横梁上横向应力。除去曲线最外侧 11#腹板横向应力数据，中横梁上曲线内外两侧横向应力大于曲线中间，从曲线内侧至外侧横梁上横向应力先减小后增大，中间部位横向应力最小，曲线外侧最大，且外侧应力变化幅度较大。边横梁上曲线内侧、中间横向应力变化较为平稳，外侧横向应力变化较大。

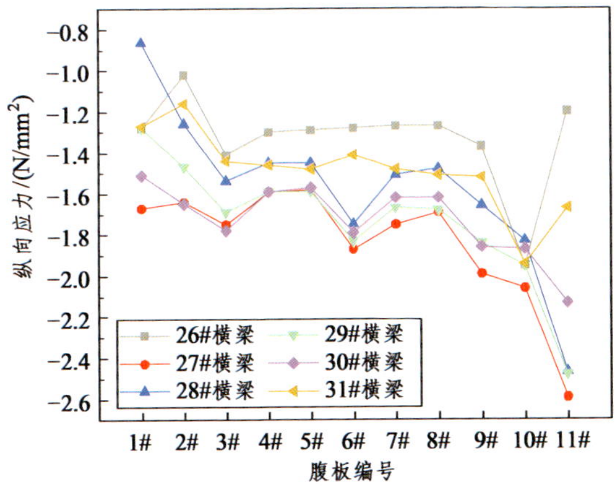

（a）纵向应力变化

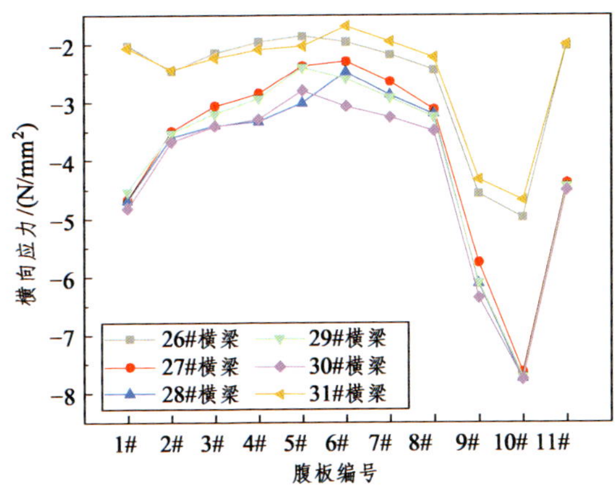

（b）横向应力变化

图 7.16 活载作用下横梁横桥向应力

7.4 全桥实体模型计算

7.4.1 实体单元模型

1. 有限元模型建立

运用 midas-FEA 有限元软件建立有限元实体模型，见图 7.17 所示。

全桥实体有限元实体模型均按照实际尺寸及构造建立，全桥模型共含有 153 015 个实体单元，其单元类型为四面体二次单元。本箱梁共有 6 道横梁，编号分别为 26#～31#。各个横梁中支点约束圆弧径向及竖向位移，两侧支点约束竖向位移，在 30#横梁中支点处约束圆弧切向位移。

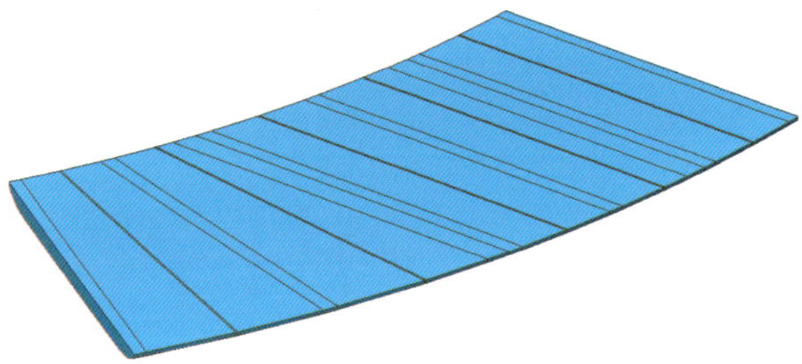

（a）全桥实体单元模型消隐图

（b）部分箱室内部构造

（c）全桥实体模型网格

图 7.17　全桥实体有限元模型

实体模型中同时考虑了纵向和横向预应力钢束的作用。预应力钢束的张拉需等到混凝土浇筑完成后，混凝土的强度达到设计强度的

100%，钢束均采用高强度低松弛的 ϕ^{s} 12 mm ~ ϕ^{s} 15.2 mm 钢绞线，强度为 1 860 MPa，钢束的张拉控制应力均为 1 340 MPa。顶板及横梁钢束进行两端张拉，腹板钢束按施工阶段进行单端张拉，钢束共有 306 根，约 15 万个单元。纵向和横向预应力钢束布置如图 7.18 所示。

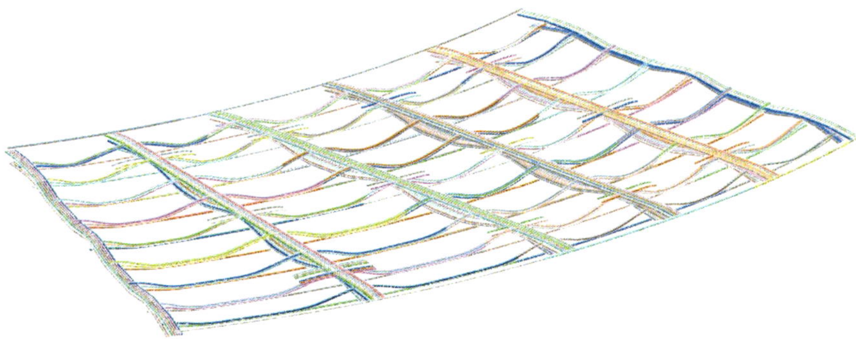

图 7.18　纵向和横向预应力钢束网格

2. 有限元模型验证

（1）测试断面一。

在实体模型中取出横隔板下缘应力值，查阅相关规范得知 C50 混凝土的弹性模量为 $E = 3.45\times10^{-5}$ N/mm^2，根据应力与应变之间的关系可以计算出实体模型中横隔板下缘处的应变值。在现场试验数据中，取出浇筑完成后 7 d 断面一各测点的应变数据，横桥向各腹板的编号从曲线内侧到外侧依次为 1#、2#…11#。

图 7.19 为断面一各测点纵向应变数值模拟结果与实测数据对比图，从图中可以看出实测数据的应变结果大多为负数，表明现场试验中横隔板下缘处于压应力状态。这是因为现浇箱梁需要支架和模板的支承，预应力钢束张拉完成后，下部支承才拆除，故横隔板下缘一直处于压应力状态。虽然横隔板应变实测数据和数值结果有差异，但是除去曲线外侧的部分测点，横隔板纵向应力规律大体相同。

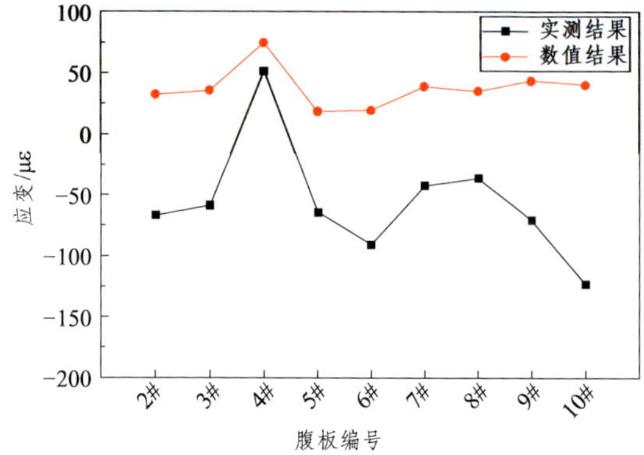

图 7.19 断面一数值结果与实测数据对比

（2）测试断面二。

在实体模型中取出第五跨中的 3/4（底板）部位处下缘应力值，同样可以计算出实体模型中底板处的应变值。在现场试验数据中，取出浇筑完成后 7 d 断面二各测点的应变数据。

图 7.20 为断面二各测点纵向应变计算结果与实测数据对比。从图中可以看出，实测应变结果为负数，同样可以表明现场试验中 3/4 跨处底板处于压应力状态。横隔板下缘应变实测数据和数值结果在数值上面有很大的差异，但是从整体分析可得到，箱梁 3/4 跨处底板的纵向应力从曲线内侧到外侧的各测点处呈现出的变化规律大体相同。

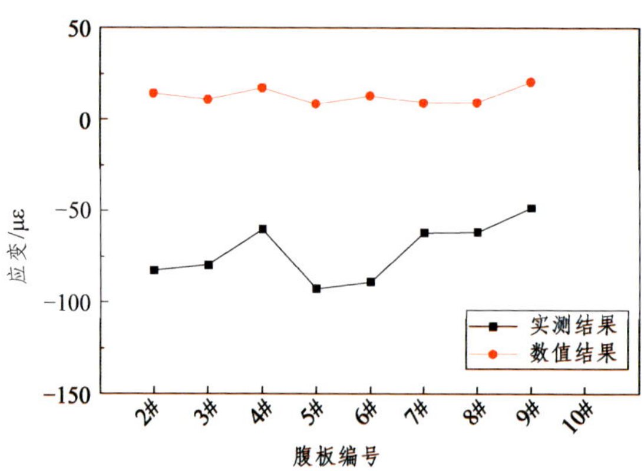

图 7.20 断面二数值结果与实测数据对比

（3）测试断面三。

在实体模型中取出27#中横梁顶缘处的应力值，同样可以计算出实体模型 27#中横梁顶缘处的应变值。在现场试验数据中，取出浇筑完成后7 d断面三各测点的应变数据。

图 7.21 为断面三各测点纵向应变数值模拟结果与实测数据对比图，从图中可以看出横隔板下缘应变实测数据和数值结果在数值上有很大的差异。但是从整体分析可得到，中横梁顶缘纵向应力从曲线内侧到外侧的各测点处呈现出的变化规律大体相同，但是在曲线外侧的 9#、10#、11#号腹板处出现少许不同。

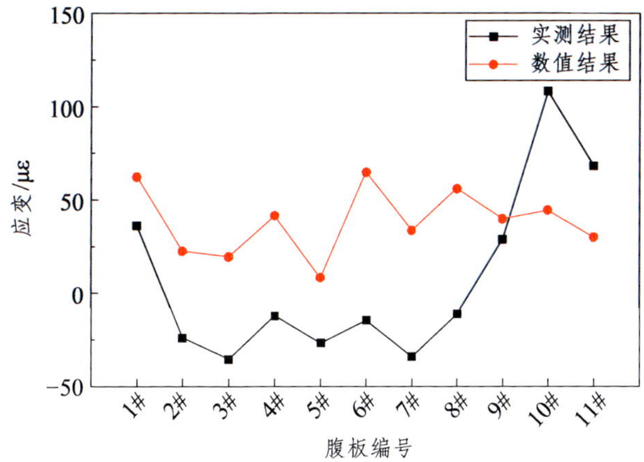

图 7.21 断面三数值结果与实测数据对比

（4）挠度对比分析。

图 7.22 为挠度计算结果与实测数据对比。各测点实测数据和数值结果的挠度有差异，这是由于现场试验中有下部支承。各测点挠度的变化规律大体相同。

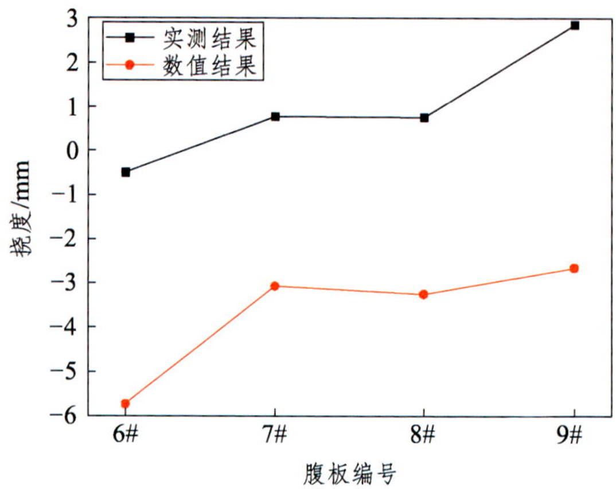

（a）断面一

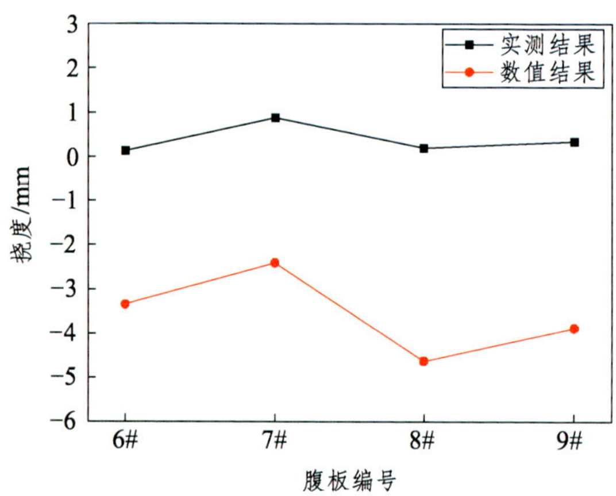

（b）断面二

图 7.22　测点挠度数值结果与实测数据对比

综上所述，由于不能完全模拟现场实际情况，全桥实体单元模型计算数据与现场实测数据存在一定的差别。但是，数值计算结果和现场试验数据呈现出的变化规律大体相同，因此，全桥实体单元模型可用于规律性分析。

7.4.2 超宽斜弯箱梁应力场

1. 箱梁跨中截面应力

图 7.23 为箱梁跨中横隔板处的纵向应力云图，图 7.23（a）为箱梁跨中横隔板处顶缘纵向应力，图 7.23（b）为箱梁跨中横隔板处底缘纵向应力。横桥向各腹板的编号从曲线内侧到外侧依次为 1#、2# ~ 11#，选取箱梁 3#、5#、7#、9#腹板处各横隔板的上、下缘纵向应力，得到跨中横隔板上、下缘应力分布图，如图 7.24 所示。由于纵向钢束的作用，每道横隔板处的纵向应力都变现为压应力。

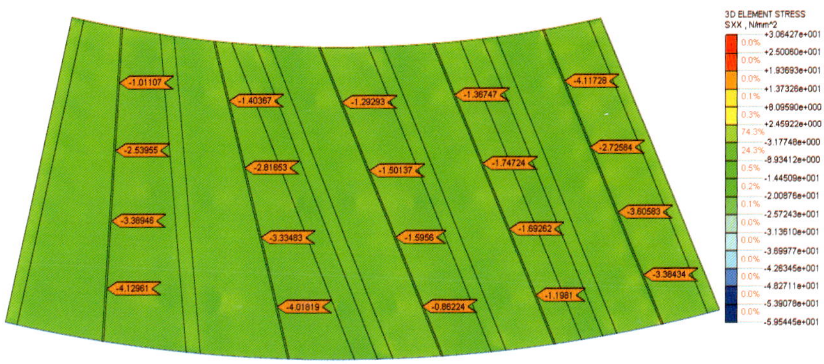

（a）跨中顶缘应力云图

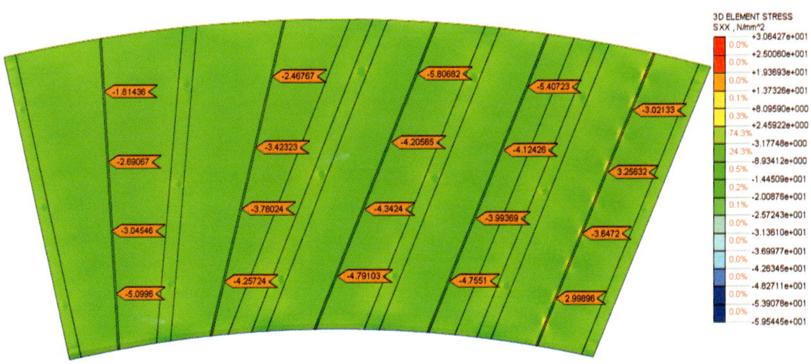

（b）跨中底缘应力云图

图 7.23 成桥阶段后箱梁各支点纵向应力

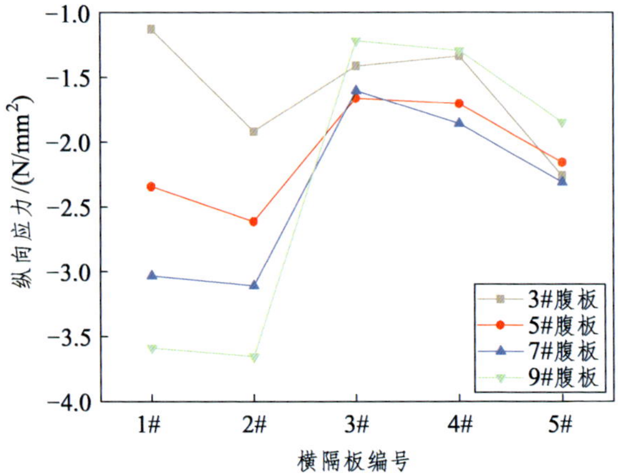

（a）顶缘应力

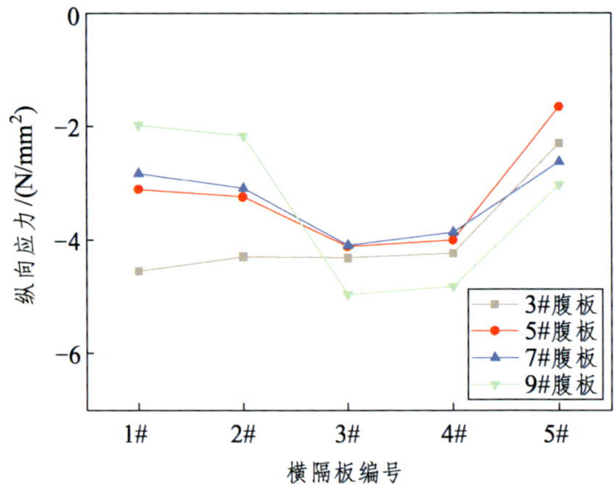

（b）底缘应力

图 7.24 跨中横隔板处应力分布

由图 7.23 ~ 图 7.24 可见，纵桥向每道腹板上不同横隔板处的顶缘纵向应力变化规律大体相同。从纵桥向分析，可知在第四、五跨中横隔板处顶缘纵向应力大于其他三跨跨中应力，且第四跨到第三跨跨中变化幅度高于其他，后三跨应力变化较为平稳。从横桥向分析，由于第四、五跨的跨径大于其他三跨，跨中顶缘应力的变化幅度较大，应力分布由曲线内侧至外侧依次增大，且曲线外侧的应力变化高于曲线内侧。第四、五跨中横隔板处顶缘纵向应力变化明显，后三跨纵向应力变化较为平稳。

箱梁纵桥向跨中横隔板底缘应力变化规律大体相同，可以看出跨中横隔板底缘的纵向应力大于顶缘纵向应力约 2 ~ 3 MPa。从纵桥向分析，前两跨跨中横隔板底缘纵向应力小于后两跨，且在第二、三道横隔板处的纵向应力最大。从横桥向分析，第四、五跨中横隔板处底缘纵向应力分布由曲线内侧至外侧依次减小。

图 7.25 为箱梁跨中横隔板处的横向应力云图，图 7.25（a）为箱梁跨中横隔板处顶缘横向应力，图 7.25（b）为箱梁跨中横隔板处底缘横向应力。选取箱梁 1#、3#、5#、7#、9#、11#和 3# ~ 9#腹板处各横隔板的上、下缘横向应力，得到跨中横隔板上、下缘应力分布图，如图 7.26 所示。除去个别位置，且不考虑 5#横隔板的横向应力变化，每道腹板处的横隔板上、下缘横向应力都变现为压应力。

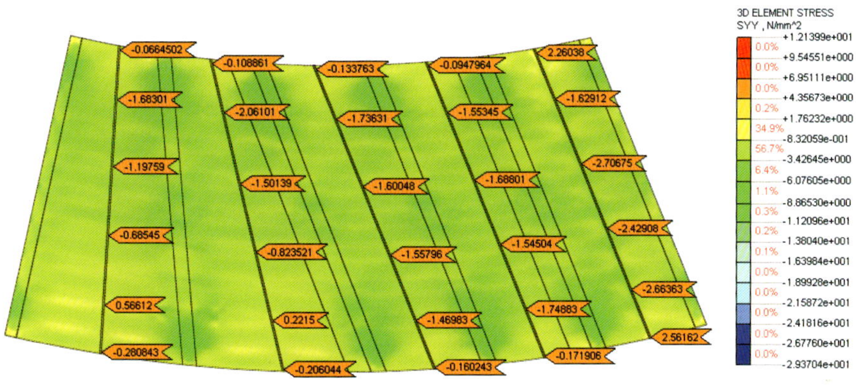

（a）跨中顶缘应力云图

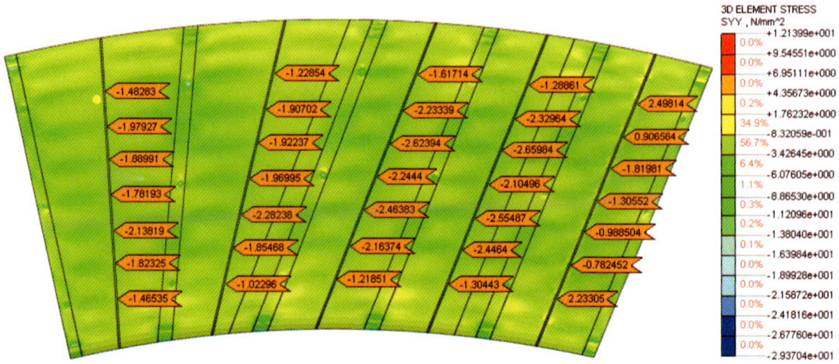

（b）跨中底缘应力云图

图 7.25 成桥阶段箱梁跨中横隔板横向应力

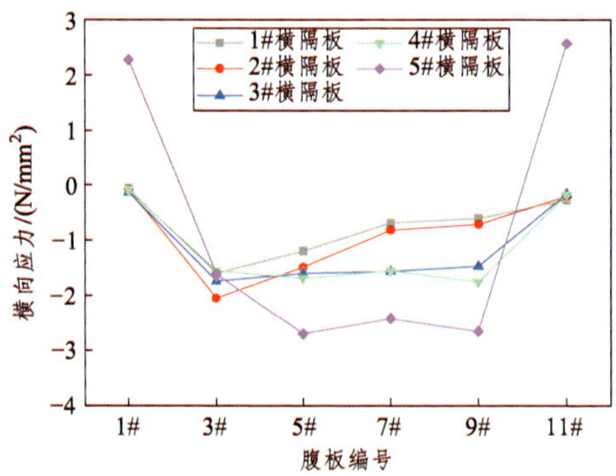

（a）顶缘应力

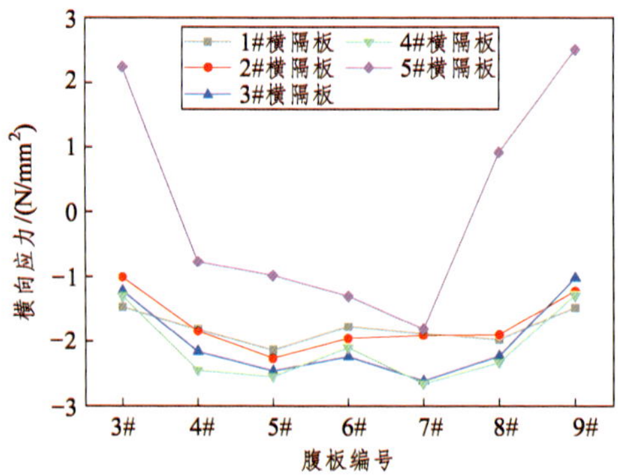

（b）底缘应力

图 7.26 跨中横隔板处应力分布

由图 7.25 ~ 图 7.26 可见，纵桥向不同横隔板处的顶缘横向应力变化规律大体相同。从纵桥向分析，可知第四、五跨跨中横隔板顶缘横向应力略小于其他三跨。从横桥向分析，曲线两端的跨中横隔板横向应力小于曲线中间。

纵桥向不同横隔板底缘横向应力变化规律大体相同。从纵桥向分析，同样可知第四、五跨跨中横隔板底缘横向应力略小于其他三跨。从横桥向分析，3#、6#、9#腹板处的跨中横向应力小于其他腹板处。

2. 箱梁支点截面应力

图 7.27 为箱梁各支点处的纵向应力云图，图 7.27（a）为箱梁各支点顶缘纵向应力，可以看出边横梁各支点顶缘纵向应力在 1 ~ 2 MPa，且中间支点的压应力高于两边支点。中横梁上支点的顶缘压应力约 3 MPa，大于边横梁支点处约 2 MPa。图 7.27（b）为箱梁各支点底缘纵向应力，同样可以看出边横梁各支点顶缘纵向应力在 7 ~ 13 MPa，而中横梁上支点的顶缘压应力在 10 ~ 22 MPa。根据箱梁各支点承荷情况，各支点下缘纵向压应力有所不同，中横梁支点处下缘纵向压应力普遍高于边横梁。

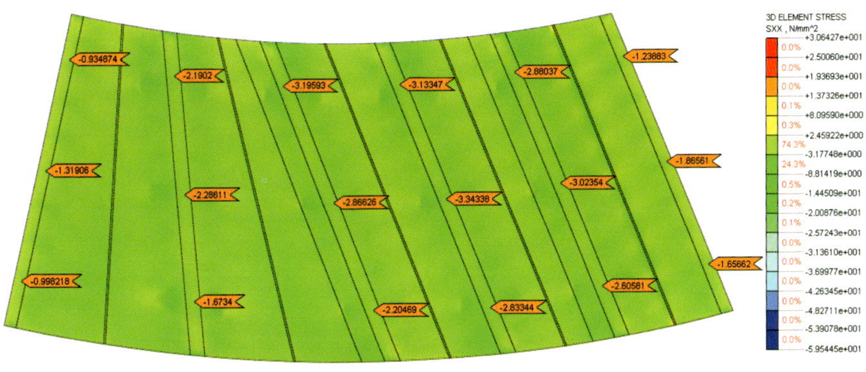

（a）支点顶缘应力云图

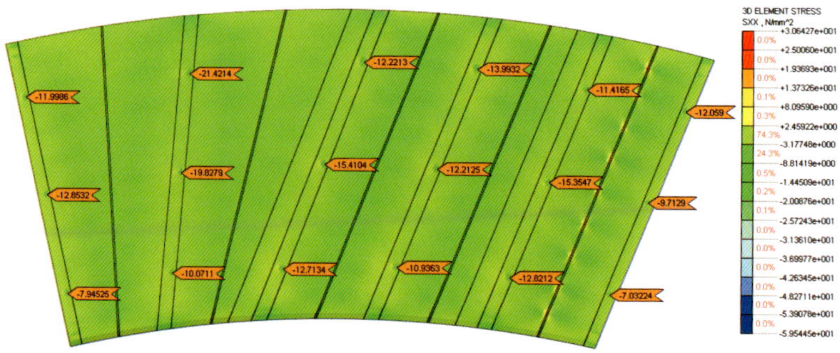

（b）支点底缘应力云图

图 7.27 成桥阶段箱梁各支点纵向应力

图 7.28 为箱梁各支点处的纵向应力分布图，箱梁每个桥墩处都设置有 3 个支座，按照从曲线内侧到外侧依次编号，编号为 1#、2#、3#。位于 3 条纵桥向曲线上的支点顶缘纵向应力变化规律大体相同，从纵桥向分析，中间横梁的上缘纵向应力大于边横梁。从横桥向分析可知，26#、27#横梁曲线外侧的支点上缘纵向应力大于曲线内侧。除去其中个别支点，再从纵桥向分析，边横梁下缘纵向应力小于中间横梁，且在 27#桥墩处，位于曲线外侧的支点下缘应力高于其他支点，在同一曲线上的支点下缘应力变化大体相同。

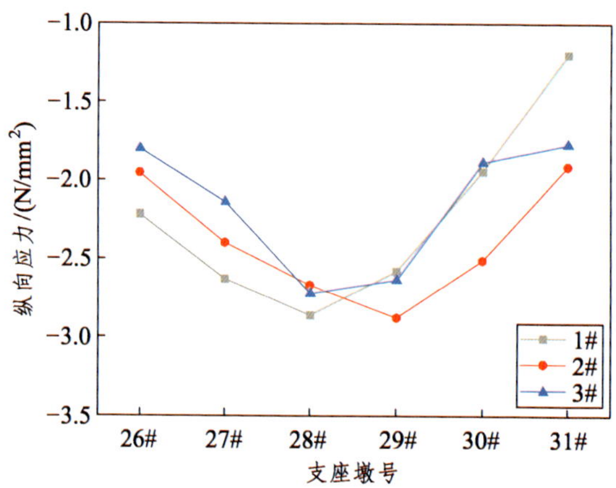

（a）支点上缘应力

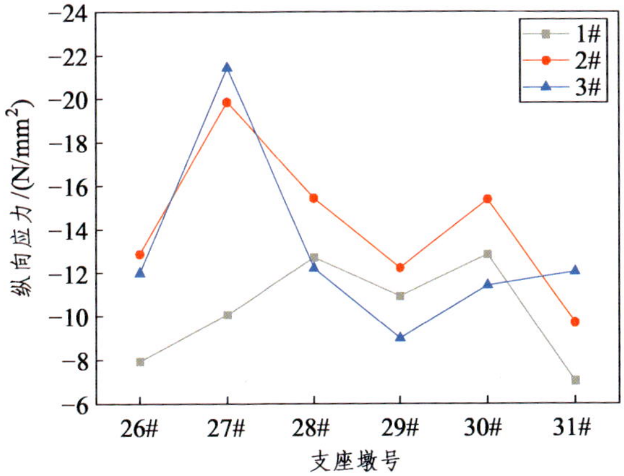

（b）支点下缘应力

图 7.28 支点处应力分布

3. 横梁横向应力

图 7.29 为箱梁横梁处的横向应力云图。图 7.29（a）为箱梁横梁处上缘横向应力，图 7.29（b）为箱梁横梁处下缘横向应力。选取箱梁 1#、3#、5#、7#、9#、11#和 3#～9#腹板处各横梁的上、下缘横向应力，得到横梁上、下缘应力分布图，如图 7.30 所示。由于横向预应力钢束的作用，除去个别位置，每道横隔板处的横梁上、下缘横向应力都变现为压应力。

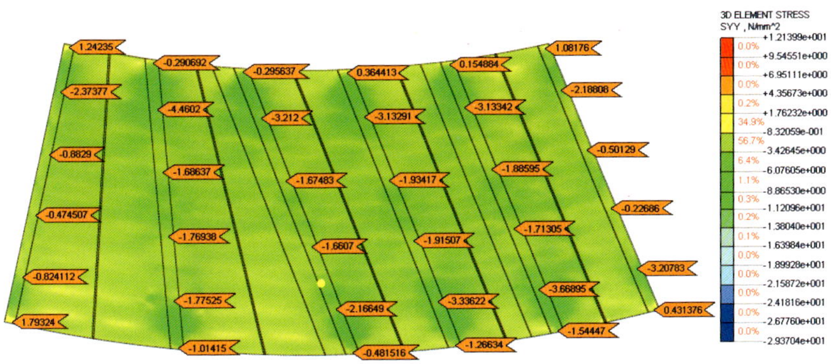

（a）横梁上缘应力云图

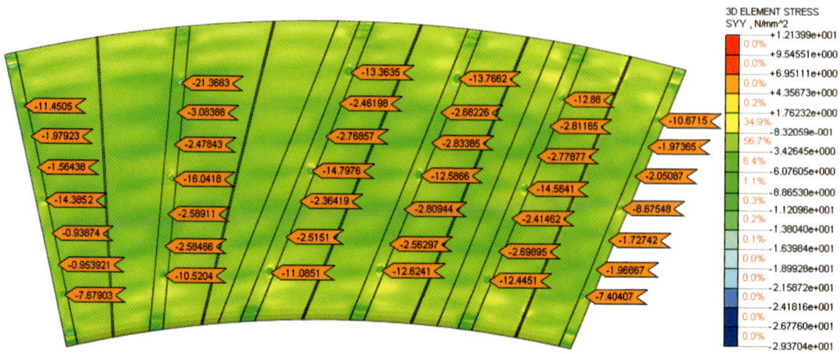

（b）横梁下缘应力云图

图 7.29　成桥阶段箱梁横梁横桥向应力

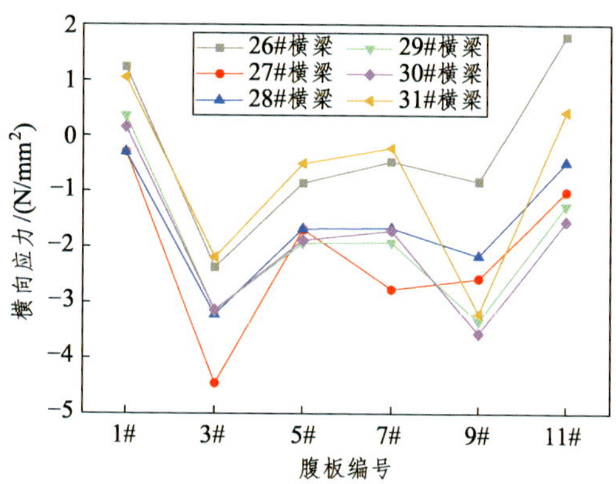

（a）上缘应力

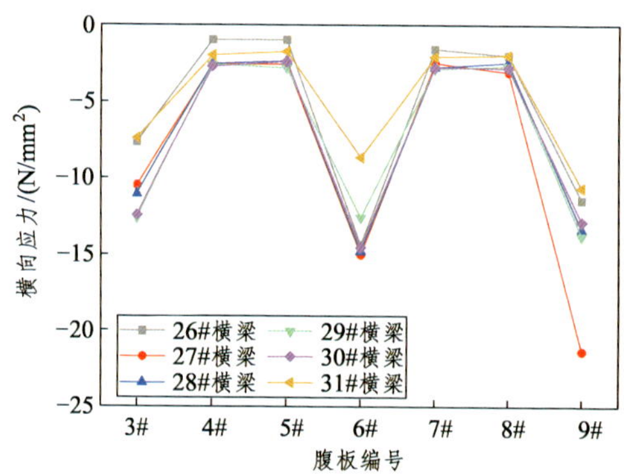

（b）下缘应力

图 7.30　横梁横桥向应力

由图 7.29 ~ 图 7.30 可见，不同横梁的上缘横向应力变化规律大体相同。26#和 27#桥墩上的边横梁上缘应力略小于中间横梁。由于横向预应力钢束的布置和张拉，导致在第 3#、9#腹板处横梁上缘横向应力大于其他各道腹板处应力，且曲线两端的横向应力小于中间部位。

不同横梁下缘横向应力变化规律大体相同。边横梁下缘横向应力略小于中间横梁。由于 3#、6#、9#腹板处都设有支座，导致在第 3#、6#、9#腹板处横梁下缘横向应力大于其他各腹板，且支点间各道腹板位置处的横向应力小于支点部位。

7.4.3 超宽斜弯箱梁位移场

图 7.31 是箱梁浇筑完成后在箱梁自重荷载下的挠度云图。箱梁浇筑完成后，中横梁支点处的挠度大于两边横梁的挠度，在第五跨和第四跨跨中部位，曲线外侧存在着下挠问题，第五跨跨中处达 8 mm，在第四跨跨中达 6 mm。

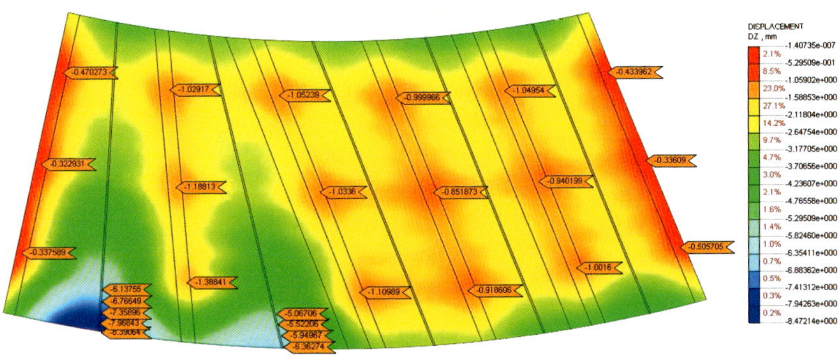

图 7.31 自重荷载下箱梁各支点挠度

图 7.32 是成桥阶段在箱梁自重、二期恒载和预应力钢束作用后的挠度。在预应力钢束的作用下，第五跨和第四跨跨中部位的挠度有所回升，第五跨跨中处下挠约为 5 mm，回升值大约为 2 ~ 4 mm，说明由于预应力钢束张拉作用，箱梁整体下挠得到一定恢复。现场实测数据显

示，桥面堆积物件陆续运离后，箱梁整体挠度出现幅度 2～4 mm 的回升。对比现场试验数据和数值模型数据可知，本模型计算得出的挠度结果与实际较为吻合。

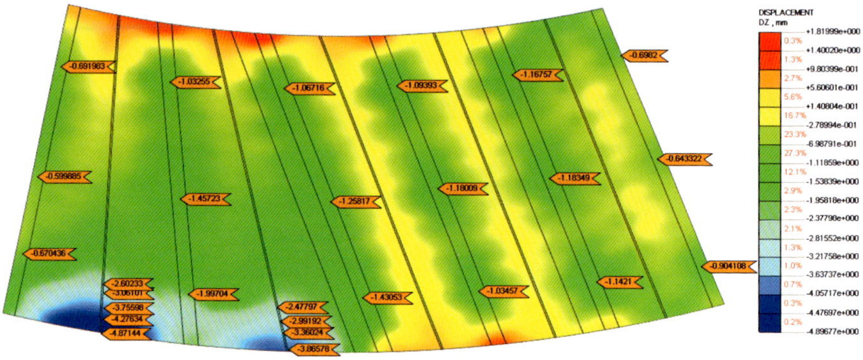

图 7.32　成桥阶段箱梁各支点挠度

7.5　横梁数值计算

7.5.1　数值模型建立

1. 横梁计算理论与方法

超宽斜弯混凝土箱梁腹板的横向间距较大。墩顶横梁是箱梁组成的重要构件，协助提供横向刚度和协调腹板共同受力。横梁设计时，通常简化为单梁。荷载传递模式对计算结果影响很大。

横梁计算采用如下方法：① 鱼腹型的边腹板高度较小，相较于其他中间腹板其承担荷载较小，忽略其荷载分配比例。② 本桥为超宽斜交曲线箱梁，在横梁设置三个支座，三个支座的荷载分配比例不同；支座荷载由支座上方的腹板、其相邻的两个腹板以及相应的顶、底板传递。③ 略偏于安全考虑，腹板传递 70%的竖向荷载，顶板及底板传递 30%的竖向荷载。④ 支反力由梁格法计算结果确定。

2. 横梁模型建立

典型中横梁截面长度为 54 m，梁高 2.8 m，宽度 2.5 m，截面构造尺寸如图 7.33 所示。单梁模型中沿长度方向进行单元划分，单元长度为 1 m。预应力钢束采用高强度低松弛钢绞线，规格为 ϕ^s 12 mm ~ ϕ^s 15.2 mm，强度为 1 860 MPa，张拉控制应力为 1 340 MPa。典型横梁单元划分及钢束布置如图 7.34 所示。

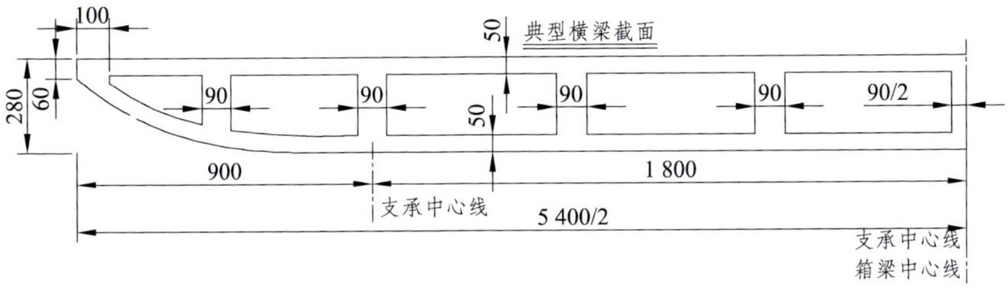

图 7.33 典型横梁构造尺寸示意

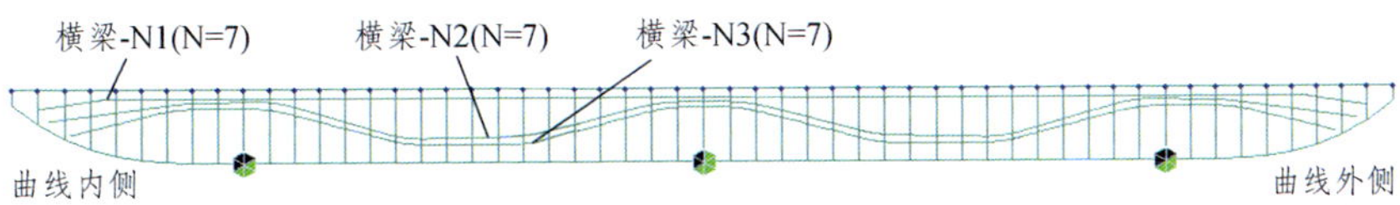

图 7.34 典型横梁单元划分及钢束布置示意

恒载的 70%由腹板传递给中横梁，以集中力方式加在横梁，加载位置为各腹板中心。恒载的 30%由顶板和底板传递给中横梁，以均布荷载加在横梁，加载位置为箱室空心部分对应的横梁。采用梁格法计算出箱梁各个支座处的支点反力，恒载、活载及其他荷载按上述假设施加，得到的典型横梁截面荷载加载示意见图 7.35。

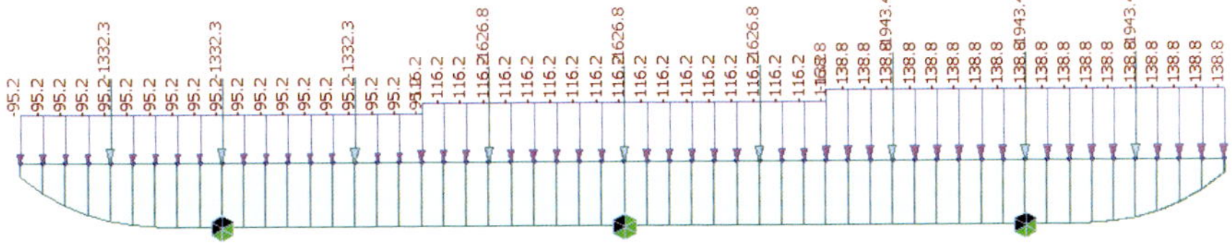

图 7.35 典型横梁荷载布置示意

3. 有限元模型验证

以 27 号桥墩处的横梁为例，图 7.36 为各腹板中心线处横梁顶缘应力的数值计算结果和实测数据的对比，龄期为浇筑完成后 7 d。

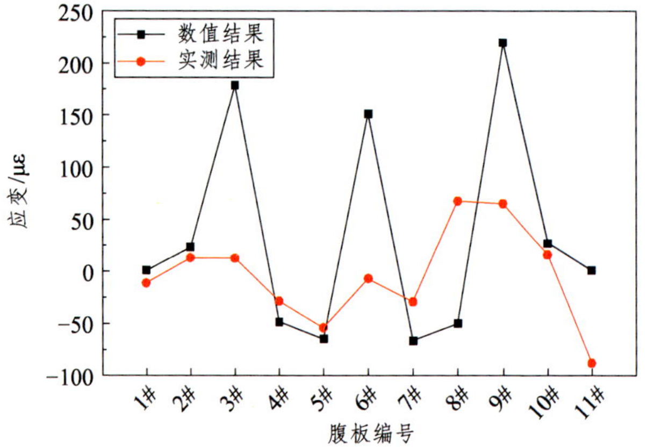

图 7.36　断面三数值模拟结果与实测数据对比

从图 7.36 可见，由于现场试验的不可控因素，横梁顶缘应变实测数据和数值结果存在差异。从整体分析，从曲线内侧到外侧，各点处应变的变化规律大体相同。由于数值模型不能考虑现场试验的所有因素，导致应变有差异。

7.5.2　计算结果分析

1. 典型中横梁顶缘应力计算结果

典型横梁顶缘应力见图 7.37 所示。箱梁全部浇筑完成后，在自重作用下，典型中横梁顶缘的应力在三个支点上方附近和悬臂端呈现出拉应力，其中靠近曲线外侧支点处的最大拉应力约为 5 MPa，中间支点处的拉应力相对于其他两个支点的拉应力较小，约为 3 MPa。而在两支点中部区域处呈现出压应力，最大压应力为 1.5 MPa。在施工完成后，横向预应力钢束开始张拉。

横梁顶缘应力都呈现为压应力状态，中间支点处的压应力比其他两个支点处约小 4 MPa，而在曲线两端的悬臂端区域出现较大的压应力，最大值约 9 MPa，达到预压应力的效果。

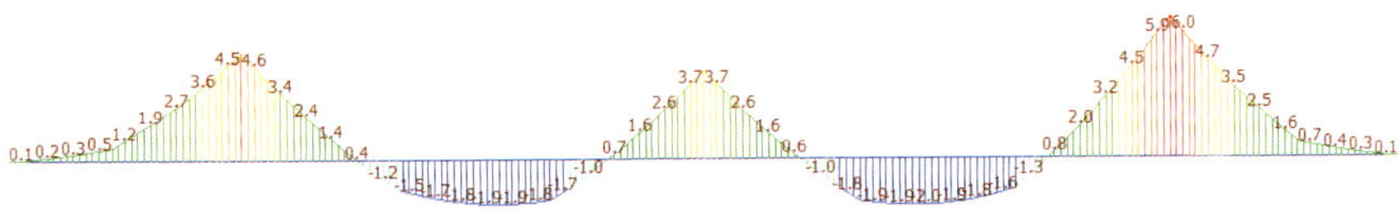

（a）自重作用下典型横梁顶缘应力

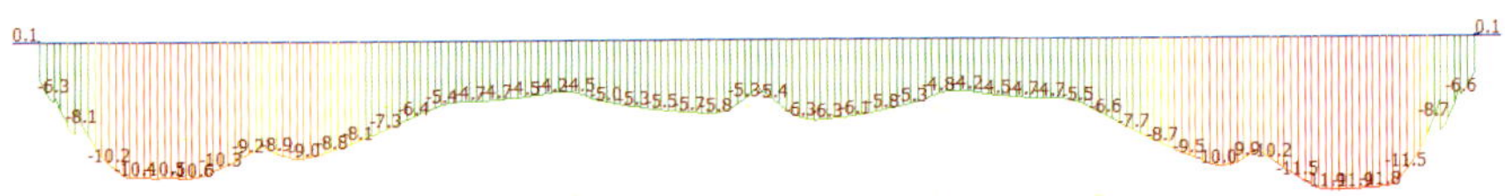

（b）自重 + 横向预应力作用下典型横梁顶缘应力

图 7.37　典型横梁顶缘应力

2. 典型中横梁底缘应力计算结果

图 7.38 是横梁底缘应力分布。在自重作用下，典型中横梁底缘的应力在三个支点上方附近和悬臂端呈现出压应力，其中靠近曲线外侧的支点处最大压应力接近 5 MPa，中间支点处的压应力约为 3 MPa。而在两支点之间的区域出现拉应力，最大约 1.5 MPa。

横桥向预应力钢束张拉后，横梁顶缘应力在中部区域都呈现为压应力状态，在中间支点处的压应力达到 6 MPa，比其他两个支点处的压应力大 5 MPa。在典型横梁两端钢束张拉处，底缘出现较大的压应力，而在曲线两端的悬臂端区域出现较小的拉应力。

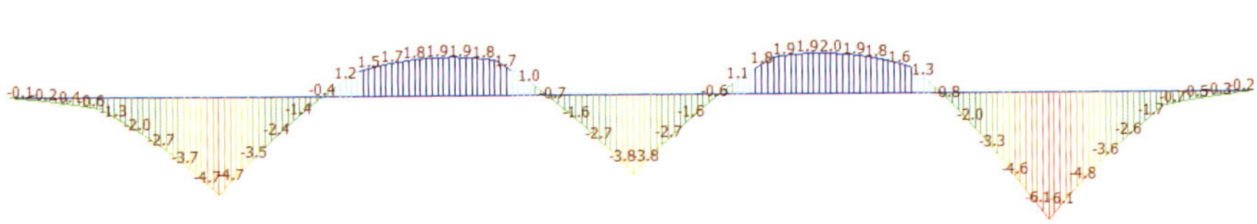

（a）自重作用下横梁底缘应力

（b）自重＋横向预应力作用下横梁底缘应力

图 7.38　典型横梁底缘应力

3. 箱梁剪力滞效应分析

图 7.39 为恒载作用下 27#墩顶实体中横梁（局部）的竖向剪应力云图。可以看出，中横梁顶部的剪应力在腹板两侧（倒角范围）比较集中，离腹板越远剪应力越小，箱室中心处剪应力基本为 0，表现出明显的剪力滞效应。腹板处的中横梁剪应力显著大于其余部位（一个数量级），说明箱梁自重主要通过各道腹板传递剪力至横梁；同时注意到，该处剪应力只分布在中横梁约 1/2 高度范围内，呈现出竖向剪力滞后效应，此竖向分布范围与腹板强弱、传递剪力大小等因素有关。

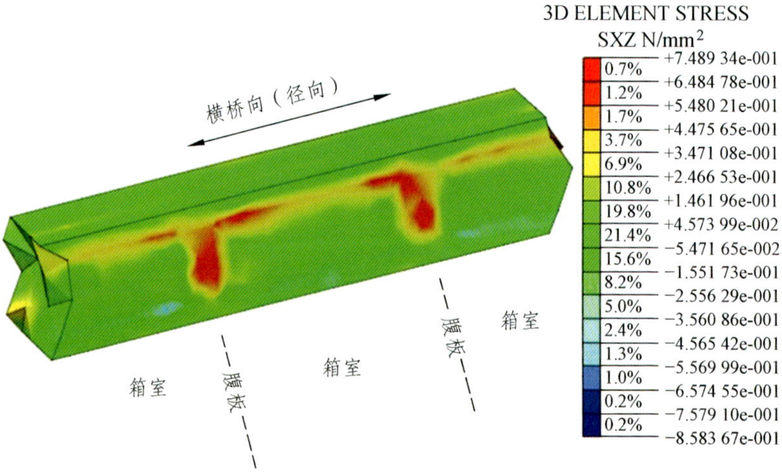

图 7.39　中横梁竖向剪应力

参考文献

[1] 孙训方. 材料力学[M]. 5版. 北京：高等教育出版社，2011.

[2] 龙驭球，包世华，匡文起，等. 结构力学[M]. 2版. 北京：高等教育出版社，2006.

[3] HAMBLY E C. Bridge Deck Behaviour[M]. London：Chapman and Hall，Ltd.，1976.

[4] HEINS C P. 结构杆件的弯曲与扭转[M]. 常岭，吴绍本，译. 北京：人民交通出版社，1981.

[5] 孙海林，叶列平，丁建彤，等. 高强轻骨料混凝土收缩和徐变试验[J]. 清华大学学报（自然科学版），2007，47（6）：765-767，780.

[6] POWERS T C. Causes and Control of Volume Change [J]. Journal of Portland cement，1959（1）：29-39.

[7] 李豪举，杨长辉，王冲. 水泥细度对混凝土强度与干燥收缩的影响[J]. 混凝土，2011（10）：7-9.

[8] BENTZ D P，PELTZ M A. Reducing Thermal and Autogenous Shrinkage Contributions to Early-Age Cracking [J]. ACI Matetials Journal，2008，105（4）：414-420.

[9] YANG K H，MUN J H，SIM J I，et al. Effect of Water Content on the Properties of Lightweight Alkali-Activated Slag Concrete [J]. Journal Of Materials In Civil Engineering，2011，23（6）：886-894.

[10] 陈波，张亚梅，郭丽萍. 大掺量粉煤灰混凝土干燥收缩性能[J]. 东南大学学报（自然科学版），2007，37（2）：334-338.

[11] 程智清，刘宝举. 高性能轻集料混凝土收缩性能研究[J]. 混凝土与水泥制品，2008（4）：10-13.

[12] AMERICAN CONCRETE INSTITUTE COMMITTEE 209. Prediction of Creep，Shrinkage，and Temperature Effects in Concrete Structure[R]. Reapproved 2008. Farmington Hills：ACI，2008.

[13] OYMAEL S. Examination of Creep and Shrinkage Behavior of Concretes with Oil Shale Ash Substituted Cements [J]. OIL SHALE，2009，26（1）：19-27.

[14] HANSEN T C，MATTOCK A H. . Influence of Size and Shape of Member on the Shrinkage and Creep of Concrete[R]. Journal of the American Concrete Institute，1966.

[15] ALY T，SANJAYAN J G. Effect of Pore-Size Distribution on Shrinkage of Concretes [J]. Journal Of Materials In Civil Engineering，2010，22（5）：525-532.

[16] ZHANG J，DONGWEI H，WEI S. Experimental Study on the Relationship between Shrinkage and Interior Humidity of Concrete at Early Age [J]. Magazine of Concrete Research，2010，62（3）：191-199.

[17] 刘志勇. 不同温湿度环境粉煤灰混凝土与基准混凝土收缩性能试验研究[J]. 土木工程学报，2009，42（5）：69-73.

[18] 向东进. 实用多元统计分析[M]. 武汉：中国地质大学出版社，2005.

[19] PENTALA V, RAUTANEN T. Microporosity, Creep and Shrinkage of High-Strength Concrete[R]. Heston: ACI, 2nd International Symposium on High-Strength Concrete, 1991, SP 121-21: 409-432.

[20] BURG R G, OST B W. Engineering Properties of Commercially Available High-Strength Concretes[R]. Portland: Research and Development Bulletin, Cement Association, 1992.

[21] DE LARRARD F, MALIER Y. Engineering Properties of very High Performance Concretes[R]. London: High Performance Concrete: From Material to Structure, edited by Yves Malier, 1992.

[22] HOOTON R D. Influence of Silica Fume Replacement of Cement on Physical Properties and Resistance to Sulfate Attack, Freezing and Thawing, and Alkali-silica Reaktivity[R]. ACI Materials Journal, 1993, 90 (2): 143-151.

[23] CHERN J C, CHANG C Y. Effects of Silica Fume on Creep and Shrinkage of Steel Fiber Reinforced Concrete, High Performance Concrete[R]. Singapore: Proceedings of American Concrete Institute International Conference, 1994, SP 149-32: 561-574.

[24] RAVINDRARAJAH R S, MERCER C M, TOTH J. Moisture-induced Volume Changes in High-Strength Concrete, High Performance Concrete[R]. Singapore: Proceedings of American Concrete Institute International Conference, 1994, SP 149-32: 475-490.

[25] HAN N, WALRAVEN J C. Creep and Shrinkage of High-Strength Concrete at Early and Normal Ages[R]. Las Vegas: Advances in Concrete Technology, Proceedings of Second CANMET/ACI International Symposium, 1995, SP 154: 73-94.

[26] 惠荣炎，黄国兴，易冰若. 混凝土的徐变[M]. 北京：中国铁道出版社，1988.

[27] 慕儒，田稳苓，白彦岗. 干燥失水对混凝土徐变的影响[J]. 混凝土，2011（10）：31-33.

[28] RUSCH H，JUNGWIRTH D，HILSDORF H K. Creep and SHRINKAGe：Their Effects on the Behavior of Concrete Structure[M]. New York：Springer-Verlag，1993.

[29] 杨杨，吴炎平，李鹏，等. 加载龄期和养护温度对高性能混凝土早期拉伸徐变的影响[J]. 混凝土与水泥制品，2010（4）：10-14.

[30] 邢万里，时旭东，倪健刚，等. 基于试验的混凝土高温短期徐变计算模型[J]. 工程力学，2011，28（4）：158-163.

[31] WESCHE K，SCHRAGE I，VOMBERG W. Creep and Relaxation Tests on Very Old Concrete. [J]. Dtsch Ausschuss Stahlbeton，1978，295：67-156.

[32] BROOKS J J，WAINWRIGHT P J. Properties of Ultrahigh Strength Concrete Containing Superplasticizer[J]. Magazine of Concrete Research 1983，35（125）：205-213.

[33] HAMMER T A. The Maturation of Mechanical Properties of High Strength Concrete Exposed to Different Moisture Conditions[J]. Proceedings of Symposium of Utilization of High-Strength Concrete，1993：1084-1901.

[34] YUE L，TAERWE L R. Empirical Investigation of Creep and Shrinkage of High Strength Concrete[J]. Proceedings of Symposium of Utilization of High-Strength Concrete，edited by I. Holland and E. Sellevold，Lillehammer，1993：1084-1091.

[35] SCHWESINGER P，EHLERT G. Creep of Concrete at Elevated Temperatures and Boundary Conditions of Moisture[J]. Cement and Concrete Research，1987，17：263-272.

[36] BAŽANT Z P，BAWEJA S. Creep and Shrinkage Prediction Model for Analysis and Design of Concrete Structure：Model B3[R]. Michigan：ACI Committee 209，1995 .

[37] MÜLLER H S，AL-MANASEER A. Structural concrete theory and design（fourth edition）[M]. New Jersey：John Wiley & Sons，Inc.，2008：38-40.

[38] GARDNER N J. Comparision of prediction provisions for drying shrinkage and creep of normal-strength concretes[J]. Canadian Journal of Civil Engineering，2004，31：767-775.

[39] GOEL R，KUMAR R，PAUL D K. Comparative Study of Various Creep and Shrinkage Prediction Models for Concrete[J]. Journal of Materials in Civil Engineering，2007，19（3）.

[40] BAŽANT Z P，LI G H. Unbiased Statistical Comparison of Creep and Shrinkage Prediction Models [J]. ACI Materials Journal，2008，105（6）：610-621.

[41] GARDNER N J，ZHAO J W. Creep and shrinkage revisited[J]. ACI Materials Journal，1992，90（3）：236-246.

[42] 王菱，谢贤群，苏文，等. 中国北方地区 50 年来最高和最低气温变化及其影响[J]. 自然资源学报，2004，19（3）：337-343.

[43] 郭志梅，缪启龙，李雄. 中国北方地区近 50 年来气温变化特征及其突变性[J]. 干旱区地理，2005，28（2）：176-182.

[44] LAMOND J F，PIELERT J H. Significance of Tests and Properties of Concrete and Concrete-Making Materials[M]. West Conshohocken：ASTM International，2006：12，226-229，425-426.

[45] MEHTA P K，MONTEIRO J M P. Concrete Microstructure，Properties，and Materials（third edition）[M]. New York：McGraw-Hill Companies，Inc.，2006：114-116.

[46] 黄杰，吴胜兴，沈德建. 不同粗骨料混凝土早期热膨胀系数试验研究[J]. 结构工程师，2010，26（3）：154-158.

[47] 危鼎，吴胜兴，李雪淋. 混凝土早龄期热膨胀系数试验研究[J]. 江西科学，2007，25（3）：258-263，280.

[48] WISCHERS G. Hardening and Solidification of Cement and Concrete[J]. Conference name：Vortraege aug dem Deutschen Betontag，1981：271-298.

[49] HAN N，WALRAVEN J C. Creep and Shrinkage of High-Strength Concrete at Early and Normal Ages[J]. Advances in Concrete Technology，1995，154：73-94.

[50] 朱伯芳. 大体积混凝土温度应力与温度控制[M]. 北京：清华大学出版社，2014.

[51] TEIXEIRA DE FREITAS J A，PHAM C，FARIA R，et al. Modelling of Cement Hydration in Concrete Structures with Hybrid Finite Elements[M]. 2013.

[52] 盛骤，谢式千，潘承毅. 概率论与数理统计[M]. 4 版. 北京：高等教育出版社，2008.